10만 시간의 공포

To.
_____

_____

_____

_____

From

시니어 오후반 인생, 혹독한 겨울 준비하기

10만
시간의
공포

김홍중
지음

죽음,
당신의 선택은?

"무릇 사람은 다 죽는다. 죽음 중에는 태산처럼 거룩한 죽음이 있는
가 하면 깃털처럼 가벼운 죽음도 있다."

사마천 〈사기, 열전 70편〉, 친구 임안에게 보낸 편지 내용이다.

거룩한 죽음과 가벼운 죽음의 선택은 시니어 당신 몫이다.

초등학교 친구의 자녀 결혼식장에서 안타까운 소식을 접했다. 친하
던 초등학교 친구가 이 세상을 자의로 마감을 했던 것이다. 대학을 마
치고 공기업에서 오십대 초반에 명퇴를 하고 자영업에 뛰어들어 많은
빚에 시달리다 극한 선택을 했다는 것이다.

이런 죽음은 가족은 물론 주위의 사람들에게 큰 상처와 아픔을 남
긴다. 태산처럼 거룩한 죽음은 아니더라도 얕은 뒷동산 같은 죽음을
맞이해야 하는데 참으로 가슴 아픈 일이다.

태산보다 더 거룩한 죽음을 맞이한 유일한 이가 있다. 바로 예수다.
예수는 33세의 짧은 생애 가운데 30년을 육신의 부모와 가족을 위한

삶을 살았다. 나머지 3년은 인류의 구원을 위해 어느 누구도 할 수 없었던 공생애로 보내다. 인류의 죄를 대속하고자 태산보다 더 거룩한 죽음을 맞이하고 죽음에서 승리하고 부활했다. 예수만큼 인류에게 큰 영향을 끼친 분은 없다.

놀라지 마라.
시니어에게 은퇴는 반드시 온다. 사실이다.

당신, 은퇴 준비는 어떤가?
당신은 해제 장치가 없는 시한폭탄이 되고 싶은가?

얼마 전 거제도 출장길에 거가대교 해저터널을 통과한 적이 있다. 밝은 곳에서 어두운 터널 속에 들어가 빠져 나올 때 그 기분은 얼마나 황홀한가?

시니어는 지금까지 다른 사람을 흉내 내는 삶을 살아왔다. 이제부터 자기 본위로 살고 싶은 욕구는 없는가? 자신의 일에 개성을 적용하여 오후반 인생의 삶을 살아야 한다.

주목할 사실은 대부분의 시니어는 빈곤에 서서히 빠지고 있는 것이다. 다시 한 번 강조 한다. 시니어에게 은퇴는 반드시 온다.

피할 수 있는가?

시니어의 은퇴는 어두운 터널 속에 들어가는 것과 같다. 마법 같은 기적의 10만 시간을 누리고 싶지 않는가?

이 책은 시니어에게 오후반 인생이라는 새롭고 행복한 삶을 안내할 것이다.

시니어, 당신은 성공할 운명을 타고 났다. 원하든지 원하지 않든지 운명의 힘에 이끌리어 성공할 수밖에 없다. 지금 절망감을 버리고 자신감을 갖고 힘차게 외쳐보라. "나는 성공할 운명을 타고 났다. 나는 성공할 운명을 타고났기에 오직 성공할 수밖에 없다."

새로운 시각으로 보면, 은퇴는 빈곤에서 벗어나는 기적 같은 오후반 인생의 시작이다. 남들이 다가는 길보다는 자신의 길을 개척하길 권한다. 오후반 인생의 오아시스를 찾아 떠나 보자.

"행복은 인생의 가장 큰 행운인 동시에 인생의 가장 큰 시련이다. 불행은 인생의 더욱 큰 시련이다. 용감한 사람은 비애로부터 벗어날 수 있고, 인생의 새로운 오아시스를 찾아낼 수 있다."

영국 총리를 두 번 역임한 정치가 존 러셀(John Russell)의 말이다.

한국전쟁 이후 태어난 베이비붐 세대(1955년~1963년)는 712만 명이다. 부모 부양과 자녀 양육으로 은퇴 준비를 놓친 샌드위치 세대다. 당장 쓸 돈이 부족한 세대다. 은퇴 준비 없는 대부분의 베이비붐 세대는 해제 장치 없는 시한폭탄이다.

오후반 인생의 준비는 운동과 건강, 부부관계, 취미생활, 봉사활동, 자산관리, 라이프재무플랜과 같은 것으로 삶의 보람을 찾는 것이다.

헬스케어 분야에서 34년째 일을 하고 있는 저자는 그 동안 습득한 지식과 경험을 이 책에 다 쏟아 붓고자 한다.

죽음,
당신의 선택은?

프랑스 철학자 몽테뉴의 말이 생각난다.

"부귀, 영화, 학식, 미덕, 명예, 사랑도 건강이 없으면 퇴색되고 사라
져 버린다."

"재물을 잃으면 조금 잃는 것이요, 명예를 잃으면 많이 잃는 것이요,
건강을 잃으면 전부를 잃는 것이다." 란 말도 있다.

행복은 건강에서 비롯되므로 건강은 모든 것의 시작이요 끝이다.

100세 시대를 맞아, 이 책은 어떻게 하면 은퇴 후 10만 시간을 기
쁘게 맞이하고 보람 있게 보낼 것인가 하는 마법 같은 안내서이다.

주목할 것은 인생은 우리의 계획대로 움직여 주지 않는다는 사실이
다. 당신은 살아가면서 좌절의 구렁텅이에 빠질 수도 있다. 현재를 살
아가는 당신은 방향과 목표 없는 삶을 살게 된다. 이 책을 저 멀리에
둔다면….

오늘이 나에게 새로운 삶의 시작이고, 내 삶에 있어서 최고의 날이 될 것이다.

인생의 가을에 접어들지만 뜨거운 한 여름으로 10만 시간의 공포를 기적의 10만 시간으로 바꾸는 것이 위풍당당 시니어의 아름다운 오후 반 인생이다. 이것이 바로 이 책이 주장하는 목적이다.

《10만 시간의 공포》의 책 집필에 도움을 준 모든 분들과 읽는 독자께 진심으로 감사한다. 아울러 저자의 원고를 흔쾌히 받아주시고 출간해 주신 가나북스 배수현 대표님과 관계자 여러분께 감사한다. 또한 집사람과 아들과 딸, 사위에게 고마움을 전하고, 언제나 웃음과 기쁨을 안겨주는 외손자와 외손녀의 귀여운 모습이 맘 깊이 새겨지고 있다.

부족한 저자에게 지혜를 주시고 삶을 이끌어 주신 하나님께 영광을 돌리고 감사드린다.

2016년 희망찬 새해가 열리는 1월 김 흥 중

목차

contents

피할 수 없는
오후반 인생

01 새로운 삶을 만드는 운명의 열쇠

얼마 전 친구 모친의 발인으로 서울시립승화원을 다녀왔다. 화장장 벽면에 눈에 띄는 글이 있어 적어본다.

길을 나서며

주인장!
그동안 신세 많이 지고 갑니다.

빈손으로 왔다가 빈손으로 가는 이 나그네
젖먹이 유년 시절부터 청년과 중년을 거쳐
백발노인이 되기까지
오랫동안 신세 많이 지고 갑니다.

아무것도 가진 것 없이 보잘 것 없는
빈털터리 손님으로 왔다가
융숭한 대접을 받고
이제 빈손으로 돌아갑니다.

지난세월 뒤돌아보니 한순간 꿈이었군요.
즐거움도 슬픔도 미움도 기쁨도 욕심과 나눔도
한순간 꿈이었군요.

많은 시련 속에 우여곡절도 많았지만
나름대로 보람 있는 삶을 지내다
이제 빈손으로 돌아갑니다.

내 좀 더 머물지 않는다 서운치 마오.
갈 길이 멀어 조금 일찍 나선 것뿐이요.

다음 세상에 내가 머물 곳은
그 어딘지 궁금하지만
내 도착 하는 대로 안부 전하리라.
잘 있다고….

중산 이중길님의 시이다. 읽을수록 눈시울이 붉어지며 아직 살아갈 날이 많은데 인생무상이 저절로 느껴진다. 이처럼 우리 인생에는 우여곡절이 많다. 세상에 태어나 죽을 때까지 열심히 살아야 하는 것이 우리 인생이다.

세월의 속도에 가속도가 붙어 10대는 시속 10km로, 20대는 시속 20km이다. 이젠 시니어는 시속 50km를 넘어 시속 60km를 향해 맹렬히 돌진하고 있다. 호모 헌드레드(homo hundred)라는 100세 장수시대가 열리면서 요즘 나이는 한 세대 전의 느낌과 분명히 다르다.

나이를 하루 24시간에 빗대는 계산법이 있다. 인간 나이 100세를 24시간으로 나눠보면, 25세는 아침 6시, 50세는 정오가 된다. 60대가 되어야 하루의 정점인 낮 2~3시가 된다. UN도 18세~65세 까지 청년세대로 분류했다. 60대는 아직도 사회 활동을 하기에 충분한 연령이다. 육체적 연령보다도 더 중요한 것이 정신적인 젊음이다.

요즘 가장 유행하는 나이 계산법은 자기 나이에 0.7을 곱하는 방식이다. 이 방식으로 계산하면 40세는 28세, 70세는 49세, 90세는 63세가 된다. 1970년대 한국인 평균수명이 대략 60세였지만 지금은 80세에 가깝고, 앞으로는 정말 90세, 100세 시대가 멀지 않아 보인다. 지금 시점에서 80세가 되어야 1970년대의 50대 대접을 받는다.

나이에 대한 개념이 바뀌면서 '나이'가 대중문화의 키워드로 확실히 부상하고 있다. 남녀노소가 즐겨 부르던 대중가요 '내 나이가 어때서'가 이미 조금 오래된 노래로 변해가고 있다. 올해 50대 사이에서 가장 유행하는 노래 중 하나가 노사연의 '바램'이다. 급기야 2015년 최고 유행어가 대중가요 이애란의 '백세인생'에 나오는 '~전해라'이다. 나이를 주제로 한 문화현상이 앞으로 어떻게 전개될지 궁금하며 그 끝을 모르겠다.

유대계 미국 시인인 사무엘 울만의 말이다.

"청춘이란 인생의 어떤 기간이 아니라 마음의 상태를 말한다."

시니어 오후반 인생도 청년 세대로 일자리를 찾고 삶의 젊음을 유지해야 한다.

한국개발연구원(KDI)에서 중·고령층 580만 명 대상으로 설문조사를 했다. 첫째로, 일하고 싶은 이유에 대한 설문조사 결과를 발표했다. 설문에 의하면 일하고 싶지 않음 41.5%, 생활비 때문 32.1%, 일하는 즐거움 때문 20.8%, 사회적 욕구 때문 1.4%, 건강유지 때문 1.3%, 무료해서 2.8%, 기타 0.1%이다. 놀랍게도 일하고 싶지 않음이 41.5%나 된다. 이것은 사회적인 문제이자 좌절의 모습이다. 빈곤, 질병, 소외의 중·고령층 3중고 문제 극복에 사회적으로 무관심하다.

둘째로, 일자리 선택 기준에 대한 설문조사 결과다. 임금 27.2%(158만명), 계속 근무가능성 22.3%(130만명), 일의 양과 시간대 21.4% (124만명), 일의 내용 11.6%(67만명), 과거취업과 연관성 10.5%(61만명), 출퇴근과 연관성 4.5%(26만명), 기타 2.4%(14만명)순이다. 세대 간 일자리 경합 및 생산성 저하의 문제점도 있다. 중·고령층의 경제적인 어려움을 극복하기위한 임금이 일자리 선택 기준의 첫 번째다. 시니어는 참으로 많은 시련 속에 우여곡절이 많은 삶을 살고 있다.

시니어에게 다가오는 오후반 인생을 대부분의 시니어들은 일자리 찾기에 동문서주하고 있다. 정규직이든 계약직이든 일용직이든 자영업이든 일을 한다는 것이 시니어 오후반 인생의 시작이자 즐거움이 된다.

"요즘 젊은이들은 자기 직업에 대한 애착과 긍지가 없다. 업무가 조금만 힘들고 어려워지면 못 견디고 회사를 떠난다. 나이 먹은 중장년을 고용해 보니 또한 어려운 점이 많다. 일은 알아서 잘하는데 이것저것 회사에 대한 불만이 많고 예전 근무한 회사와 비교를 하는 경향이 많다. 그래서 외국인 노동자를 채용하는 것이 훨씬 편하고 말없이 일도 잘하고, 임금도 낮아 회사에 많은 도움이 된다." 내가 아는 어느 중소기업 사장의 불만어린 말이다. 나도 경영자로 느꼈던 일부분이 있다.

임직원을 채용해보면 예전 근무하던 회사를 거론하면서 불만을 제기하는 경우가 많았다. 이직한 경우 하지 말아야 할 말이 있다. 전에 근무하던 회사와 절대로 비교해서는 안 된다. 젊은이나 시니어나 마찬가지로 새겨두어야 한다.

시니어의 건강은 어떤가?

갖은 고생을 하고 좀 살만하면 중병에 걸리고 세상을 떠나는 사람들이 많다. 물론 어려운 환경을 이겨내려고 밤낮 안자고 일만한 세대가 시니어 세대다. 자기 본위가 아닌 가족 즉 타인 본위의 삶을 살다보니 건강 챙길 시간과 여가를 활용할 여유가 없었다. 어느 정도 살만하고 삶을 되돌아보고 즐기려고 하니 몸이 이미 한계에 왔다. 얼마나 애석하고 슬픈가? 진시왕도, 알렉산더대왕도, 이병철 회장도, 정주영 회장도 노후 중병을 얻고 죽음을 맞이했다.

이 책의 목적이 바로 시니어의 오후반 인생의 행복을 찾는데 있다. 오후반 인생을 여는 시니어들에게 가장 중요한 것이 바로 건강이다.

스스로 삶을 개척하고 미래를 설계하고 도전해 나가야 한다. 자기 인생은 자신이 책임질 수밖에 없다. 모든 선택의 결과는 고스란히 자신의 몫이다. 훗날 과거를 돌아보며 후회해도 결코 돌이킬 수 없다. 자신의 인생은 스스로 선택하고 개척해야 한다. 그런 삶도 많은 좌절과 실패를 겪게 된다. 자신이 선택한 인생이기에 후회가 덜하다. 실패에서 경험이 생기고 경험은 지혜를 만들어 낸다.

미국의 국민화가 그랜마 모지스(Grandma Moses) 할머니 말이다.

"삶은 당신이 만드는 것이다. 이전에도 그랬고 앞으로도 그럴 것이다."

우리의 삶은 우리 자신이 만들어 가는 것이다. 삶의 모든 결과는 우리 자신의 선택이자 책임이다.

시니어, 당신은 성공할 운명을 타고 났다. 원하든 원하지 않든지 운명의 힘에 이끌리어 성공할 수밖에 없다. 지금 절망감을 버리고 자신감을 갖고 힘차게 외쳐보라.

"나는 성공할 운명을 타고 났다. 나는 성공할 운명을 타고났기에 오직 성공할 수밖에 없다"

미국의 저술가 일레인 맥스웰(Elaine Maxwell)의 말이다.

"성공하느냐 실패하느냐는 다른 사람이 아닌 내가 하는 일이다. 내가 바로 힘이다. 나는 내 앞의 장애물을 치울 수도 있고, 미로 속에서 길을 잃을 수도 있다. 오로지 내 선택, 내 책임이다. 이기거나 지는 것은 오직 나만이 가진 내 운명의 열쇠에 달려있다."

누구나 맞이하는 오후반 인생을 즐겁게 맞이하고 행복하게 보내는 것이 우리 시니어들의 몫이다.

다시 한 번 이중길님의 시를 음미해 보자.

빈손으로 왔다가 빈손으로 가는 이 나그네, 많은 시련 속에 우여곡절 도 많았지만, 나름대로 보람 있는 삶을 지내다, 이제 빈손으로 돌아 갑니다.

거울아, 내 모습 어떠니

아주 먼 옛날, 아름다운 왕비가 예쁜 공주를 낳고 백설 공주라 불렀다. 아름답고 마음씨 고운 백설 공주는 모든 사람들의 사랑을 받으며 자랐다. 안타깝게도 왕비가 죽고 새로 들어온 계모가 여왕이 되자 혹독한 시달림을 받았다. 계모인 여왕에게는 신비로운 마술 거울이 있었다. 여왕이 매일 아침, "거울아 거울아, 세상에서 가장 아름다운 사람은 누구지?"라고 물으면, "여왕님이 세상에서 가장 아름답습니다."라고 대답하여 여왕을 기쁘게 해 주었다. 어느 날 여왕이 여느 때와 다름없이 마술 거울에게 질문을 했다. "여왕님도 아름다우시지만, 세상에서 가장 아름다운 사람은 백설 공주입니다. 백설 공주가 천배는 더 아름답습니다."라고 마술 거울은 뜻밖의 대답을 했다. 분노에 가득 찬 여왕은 사냥꾼을 불러서 백설 공주를 죽이라고 명령 한다.

시니어 대부분은 인생의 쓴맛을 한 번 이상 겪어본 사람이다. 삶의 근력이 만만치 않다. 하지만 자기 개방은 인색하다. 인색이 아니라 아주 안한다. 개방을 안 하면 안 할수록 마음의 병은 더 커진다. 백설 공주의 여왕처럼 매일 "거울아, 내 모습 어떠니?" 물어 보자. 그러면 어떤 거울은 "당신이 최고다."라고 대답한다. 그런 거울은 당장 깨 버려

라. 좋은 척, 있는 척, 아는 척, 강한 척하지 말자는 것이다. 오후반 인생을 위해 자신을 타인에게 개방하고 주위 사람들의 도움을 받도록 하자. 내 자신도 나를 모르는데 남이 나를 어떻게 알아주겠는가? 착각하지 말고 진솔하게 자신을 개방하라. 열린 마음을 가지라는 것이다.

거울을 우리에게 있는 그대로의 모습을 보여 준다. 요술 거울을 제외한 거울은 왜곡하거나 과장된 모습을 보여 주지 않는다. 거울에 질문하는 방법이다.

첫째, 교만한 마음으로 거울에 질문하지 말자.

1912년 4월 14일 밤 영국의 초호화여객선 RMS 타이타닉호가 북대서양에서 빙산과 충돌했다. 탑승객 2223명 중 무려 1514명이 사망한 세계최대의 해난 사고였다. 세계최고를 자랑하며 첫 출항했던 타이타닉호의 선장 E.J.스미스는 "하나님이라도 이 배를 어떻게 할 수 없을 것"이라고 큰소리를 쳤다. 스미스 선장은 인간의 기술만 믿었다. 선박회사로부터 사고해역에 이르기 전 빙산과 충돌 가능성에 대한 주의 무선연락이 여섯 번 있었다. 그러나 선장 스미스는 이를 무시했다. 인간의 교만과 안일주의가 빚어낸 참사였다.

이렇게 인간의 교만은 무서운 결과를 낳는다. 교만한 사람은 스스로를 그 주위에 있는 이들보다 높은 곳에 두고, 항상 사물과 사람을 내려다본다. 어떤 것을 내려다보는 한, 그는 자신 위에 있는 것을 볼 수가 없다. 자만, 시기, 마음이 굳어짐, 거만함이 교만한 사람의 전형이다. 교만은 겸손하지 않고 가르침을 받지 않으려고 한다. 교만은 패망의 선봉이자 지름길이다.

윌리엄 셰익스피어의 말이다.

"교만한 자는 자기 자신에게 욕하는 사람이다. 그는 자신의 잔, 자신의 나팔, 자신의 조상을 욕하는 사람이다."

둘째, 솔선수범하는 마음으로 거울에 질문하자.

옛날에 '모든 사람'(everybody), '어떤 사람'(somebody), '누구라도'(anybody), '아무도'(nobody)라는 네 사람이 있었다. 중요한 일이 한 가지 생겼다. '모든사람'이 그 일을 하도록 요청받았다. 하지만 '모든 사람'은 '어떤 사람'이 그 일을 하리라고 생각했다. 그 일은 '누구라도' 할 수 있는 일이었다. 하지만 '아무도' 그 일을 하지 않았다. '어떤 사람'은 화가 났다. 왜냐하면 이 일은 '모든 사람'의 일이었기 때문이다. '모든 사람'은 '누구라도' 그 일을 할 수 있으리라 생각했고 '아무도'는 '모든 사람'이 그 일을 하지 않을 것을 몰랐다. 이 일은 '모든 사람'이 '어떤 사람'을 비난하고, 애초에 '누구라도' 할 수 있었던 그 일을 '아무도' 하지 않아서 끝이 났다. 이 네 사람은 여전히 말다툼을 하고 있었고, 그 일은 아직도 이뤄지지 않은 채로 있다고 했다. 어느 목사님의 설교 내용이다.

서로 미룸의 전형적인 예다. 양보가 미덕이라는 말이 있다. 그러나 일의 유형에 따라 상황이 달라진다. 시니어는 자신의 우월성과 집단의 이기적인 마음에서 벗어나 가정, 회사, 사회와 같은 곳에서 솔선수범해야 한다. 그래야 주변의 사람들과 일이 다가온다.

셋째, 자랑하는 마음으로 거울에 질문하지 말자.

"웬 종합 보험료가 그렇게 비싸니?" "난 등기비가 그렇게 비싼 줄 몰랐어. 우리나라 세금제도 뭔가 문제 있어. 등기비만 천만원돈이니, 나 원 참…." 주변에서 많이 들어본 말이다. 우리나라 과세제도 문제를 제기하기 위해 하는 말이 아니다. 유치하게 자랑을 하는 말이다. 요즘 은 유치원 아이들도 이렇게 말한다. "우리는 새 차 샀다. 아주 큰 차. 너 네 차는 작지? 용용!" 유치원 때부터 물질 만능주의에 빠져드는 모습이다. 서글픈 이야기다. 이런 자랑을 들으면 기분이 유쾌하지 않다. 서로의 관계 때문에 고개를 가끔씩 끄덕이면서 그저 들어주는 경우도 있다. 그러나 헤어지면 마음이 편치 않다. 내 속이 좁아 이 모양이지 하고 자신을 탓해보기도 하는 것이다.

유치한 자랑은 다른 사람의 마음을 상하게 한다. 그 상한 마음은 시기로 변한다. 시기는 미움으로, 미움은 험담으로 이어진다. 자랑하는 사람 곁에선 사람들이 떠나간다. 자랑은 친구를 적으로 만든다. 결국 자랑은 사람을 잃는다. 유치한 자랑은 자기도취적이며 자기감정의 표현이기 때문에 상대방의 입장을 생각할 여유를 갖질 못한다. 자랑의 희열은 잠깐이지만 그 대가는 오랫동안 치른다.

공자의 말이다.

"근자열 원자래(近者說 遠者來). 가까이 있는 사람들을 기쁘게 하고, 멀리 있는 사람들을 찾아오게 하는 것이다."

시니어는 섬김을 받으려 하지 말자. 겸손하게 솔선수범으로 남을 섬기는 태도를 갖자. 섬김 리더십이 주변의 사람들에게서 자발적인 동기부여를 이끌어내는 강력한 도구가 된다. 시니어에게 공자의 '근자열 원자래'가 인간관계의 소중한 바로미터가 돼야 한다.

03 인생의
세 가지 질문

톨스토이의 단편소설 『세 가지 질문』의 핵심 내용이다.

첫째, 이 세상에서 가장 중요한 때는 언제일까?
나 자신에게 가장 중요한 시간은 '지금 이 순간'입니다.

둘째, 이 세상에서 가장 중요한 사람은 누구일까?
나에게 가장 필요한 사람은 지금 나와 함께 이 순간을 공유하고 있는 '바로 이 사람'입니다.

셋째, 이 세상에서 가장 중요한 일은 무엇일까?
내게 가장 중요한 일은 지금 여기서 나와 함께 있는 이 사람에게 '선을 베푸는 일'입니다.

지금 이 순간 내가 만나는 사람을 위해 헌신하는 것이 가장 중요하다. 인생에서 가장 중요한 진리를 우리에게 전해주고 있다. 우리 인생에게 주어진 시간, 사람, 일에 대하여 감사하며 최선을 다하라는 것이다.

시니어 당신은 어떤 삶을 살고 있는가?

지금 주어진 시간을 헛되게 보내지 말고 알차게 보내자. 시간은 과거로부터 현재를 거쳐 미래로 가는 크고 작은 사건들의 연속이다. 시간은 사건들의 연속체이다. 지금 이 순간의 시간을 살아간다는 것은 과거와 미래를 의식하기보다는 지금 자신이 맞이하고 있는 사건, 사람과 관계, 일이 중요한 것이다. 과거는 이미 지나간 것이다. 과거 탓만하고 있을 것인가. 마냥 하늘을 쳐다보면 감이 떨어지지 않는다. 과거를 중시하면 미래로 나아갈 수 없다. 미래로 가려면 과거에 매달려서는 곤란하다. 왜냐하면 인간은 두 가지를 동시에 집중할 수 없기 때문이다. 현재 나에게 주어진 상황에 최선을 다해야 한다. 그러면 활기찬미래가 내 곁에 온다.

시니어 당신에게 인생의 세 가지 질문을 한다.

첫 번째, 존재의 질문으로 당신은 왜 살고 있는가?

공자가 사람을 네 가지로 구분한 말이다.

"생이지지자 학이지지자 곤이학지자 곤이불학자(生而知之者 學而知之者 困而學之者 困而不學者). 태어나면서부터 아는 사람, 배워서 아는 사람, 고난을 통해 배우는 사람, 곤란을 겪고도 배우지 못하는 사람이다."

시니어가 잘 알고 있는 말이다. 세상에는 존재의 의미로 세 부류의 사람이 있다. 꼭 필요한 사람, 있으나마나한 사람, 없는 편이 나은 사람이다. 시니어 자신은 어느 부류에 속하고 있는가? 시니어는 가정, 사회, 기업에서 없어서는 안 될 귀중한 사람이다. 가정의 든든한 기둥이고, 사회의 정의를 구현하는 초석이고, 기업 역량의 핵심이다. 자부심을 가져도 된다.

두 번째, 의미의 질문으로 당신의 삶은 중요한가?

'견리사의 견위수명(見利思義 見危授命) 이익이 눈앞에 보이면 의리를 생각하고, 국가가 위태로울 때 목숨을 바친다.'

안중근 의사가 100년 전에 여순 감옥에서 나라의 앞날을 걱정하며, 자신의 철학과 심경을 피력한 서예작품으로 남긴 공자의 어록 한 구절이다.

인간은 삶 속에서 크고 작은 선택하고 결단을 해야 한다. 결단할 때의 가치기준이 의(義)이다. 안중근 의사는 일제 침략으로 풍전등화 같은 국가를 구하기 위해 자신의 목숨을 바치는 것에 이익보다 의를 선택했다. 일평생 문둥병자와 가난한 자들과 함께한 마더 테레사 수녀도 의미 있는 삶을 살았다.

얼마나 고귀한 삶인가?

시니어는 세계 경제대국과 어깨를 나란히 하는 국력과 나라의 경제부흥에 청춘을 바쳤다. 오늘날의 대한민국을 창조한 삶이다. 자식들이 더욱 풍요롭게 살도록 피땀을 흘렸다. 국가와 가족을 위해 희생하는 것은 당연했다. 의미 있는 삶을 산 세대이다.

세 번째, 목표의 질문으로 당신 삶의 목적은 무엇인가?

인생에 아무런 삶의 목적이 없다는 생각만큼 사람에게 고통을 주는 것도 없다. 반면에 명확한 삶의 목적이 있는 사람은 역경이 있어도 딛고 일어날 수 있다.

신경학자로 유대인 대학살 생존자인 빅토르 E. 프랑클의 말이다.

"심지어 최악의 상황에서도, 인생에는 의미와 삶의 목적이 있다는 사실을 아는 것만큼 생존에 크게 도움이 되는 것은 이 세상에 없다고 나는 감히 말할 수 있다."

삶의 목적이 무엇인가에 대한 사람들의 의견은 천차만별하다. 많은 사람들은 삶의 목적은 각자가 알아서 정해야 한다고 생각한다. 오늘날 많은 범인들은 부를 축적하는 데 삶의 목적을 두고 있다. 하지만 부의 축적을 위해 대체적으로 사람들은 유혹과 올무를 구별하지 못하고 위험한 욕망에 빠진다.

사람들과의 관계에서 많은 사람들은 자신을 우선시하고 있다. 오늘날 세상에 평화가 없는 한 가지 큰 이유는 많은 사람들이 자기만 사랑하기 때문이다. 그런 사람들은 누군가가 자신을 실망시키거나 자신의 견해에 동의하지 않으면 화냄과 격분과 소리치는 것과 욕설로 감정을 터뜨린다. 이러한 자제력의 부족은 마음의 평화를 가져다주지 못하고 폐망의 길로 이끌 뿐이다.

사람에게는 명확한 삶의 목적이 있어야 한다. 이웃을 자기 자신처럼 사랑하고, 서로 친절하게 대하고, 부드러운 마음을 갖아야 한다.

아인슈타인은 "인생은 자전거를 타는 것과 같다. 균형을 잡으려면 움직여야 한다."고 말했다. 그렇다. 가만히 있으면 그 어느 곳도 갈 수 없다. 쉼 없이 페달을 밟아야 조화롭게 목표를 향해 전진할 수 있다. 주어진 하루 일과를 뜨거운 열정으로 열심히 수행하는 사람만이 삶의 목적을 달성한다.

경영학의 아버지 피터 드러커는 의미 있는 말을 했다.

"너희들은 죽은 다음에 자신이 어떤 사람으로 기억되기를 바라느냐?"

100세 시대
축복인가 재앙인가

연세대학교 철학과 명예 교수 김형석의 '무엇이 우리를 행복하게 하는가?' 강연 후 인터뷰 한 내용이다.

올해로 96살 되었습니다. 만약 인생을 되돌릴 수 있다 해도 젊은 날로는 돌아가고 싶지 않습니다. 그 때는 생각이 얕았고 행복이 뭔지도 모르고 살았습니다. 지나고 보니 인생의 절정기는 철없던 청년 시기가 아니었습니다. 인생의 매운 맛, 쓴 맛을 다보고 나서야 행복이 무엇인지를 알게 되었으니까요. 무엇이 소중한지를 진정 느낄 수 있었던 시기는 60대 중반에서 70대 중반까지였던 것 같습니다. 그러나 다시 돌아갈 수 있다면 60세 정도로 돌아가고 싶습니다.

'다시 돌아갈 수 있다면 60세 정도로 돌아가고 싶습니다.'가 눈에 띈다. 96세 김형석 교수는 요즘도 하루걸러 수영하고 글 쓰며 강연하는 건강한 삶을 꾸려가고 있다. 100세를 바라보면서 몸과 마음이 모두 생기 있는 '9988'의 삶을 실천하고 있다. 존경스럽고 부럽지 않은가?

시니어, 당신의 '100세 시대' 준비는 어떤가?

의학의 발전 속도, 평균 수명의 성장세를 보면 앞으로 10년 이후 수많은 100세 생일잔치가 열릴 것으로 기대한다. 전문가들은 주요 노인성 질환만 극복한다면 100세를 넘어선 110세 시대까지 가능하다고 한다. 이를 '센테니얼(100세)'를 넘어섰다는 의미로 '수퍼 센테니얼 (Super Centennial)'이라고 한다.

수퍼 센테니얼은 전 세계적인 추세다. 유엔은 2009년 '세계인구고령화' 보고서에서 2000년에 평균수명 80세를 넘는 국가가 6개국뿐이었지만 2020년에는 31개국으로 급증할 것이라고 내다봤다. 유엔은 이를 인류의 평균 수명이 새로운 기준에 도달한다는 의미를 들어 '호모 헌드레드(Homo Hundred)'라고 불렀다. 2020년쯤에는 인간이 다들 100세쯤은 어렵지 않게 살 수 있다고 내다본다.

한국인 수명이 110세까지 늘어나는 것이 좋은 것은 아니다. 수명 연장에 따라 사회적 변화가 상당히 크지만 이에 대한 준비는 미흡하기 때문이다. 당면한 가장 큰 문제는 고령화다.

2014년 정부 조사에 따르면 국민 10명 중 4명은 장수가 축복이 아니라고 한다. 오래 사는 것만으로는 더 이상 행복하지 않다는 것이다. 가족의 불화, 배우자의 사별, 부족한 재산, 일자리 부족과 같은 불행하고 긴 은퇴 이후 생활이 예견되기 때문이다.

이 책의 독자가 60세가 넘었든지 안 넘었든지 문제가 안 된다. 우리에게 주어진 인생을 좀 더 보람 있게 보내면 된다. 과학의 발전으로 인간의 수명이 늘어나고 있다. WHO '세계보건통계 2014'에 의하면 한국의 기대 수명은 여성 84.6세, 남성 78세이다. 1980년대까지만 해도 환갑잔치가 한 마을의 큰 행사였다. 지금은 70세 노인이 마을 경로당에 가면 최연소 나이라고 한다. 이렇게 수명만 늘어났다고 좋아만 할 녹록한 시대가 아니다.

시니어, 정년퇴직을 하고 100세 시대를 맞이하는 오후반 인생을 어떻게 활용하며 행복한 삶을 살 것인가?

이것은 모든 시니어들의 공통된 과제이다. 하지만 이것을 제대로 준비하는 사람은 매우 적다. 은퇴란 삶의 전 과정을 놓고 볼 때 오후반 인생이라는 새로운 삶을 시작하는 것이다. 이를 위해 우리는 과거의 사고, 습관, 관계로부터 벗어나야 한다.

한국은 2010년부터 베이비붐 세대의 은퇴가 시작됐다. 2018년까지 712만명이 은퇴를 한다. 최근 우리투자증권의 은퇴전문잡지 'THE 100' 20호에 따르면 직장인 평균 은퇴 연령은 53세다. 평균 정년이 65세인 대다수 유럽국보다 10년 이상 빠른 셈이다. 100세 시대 기준으로 보면 인생의 절반을 남기고 은퇴를 한다. 대부분 직장인은 한창 일해야 할 나이에 일자리를 잃는다.

잡코리아는 2014년 10월 직장인 50-60대 근로자 147명을 대상으로 '실버취업'을 주제로 설문조사를 했다. 결과에 따르면 50-60세 근로자가 원하는 은퇴 연령은 평균 66세. 일을 하는 이유는 응답자 87.8%가 생계목적을 1순위로 꼽았다. 월 급여 수준에 대한 질문에 100만 원 이상이라고 답한 응답자가 전체 71.4%로 가장 높았다. 생활비 충당은 어떻게 하느냐 질문에는 본인소득이 79.6%로 가장 많았다. 결국 돈이 목적이 되다보니 일에 대한 만족감도 떨어졌다고 한다.

한국노동연구원 금재호 선임연구위원은 "우리나라 50대 이상 임금근로자 중 3분의 2가 30인 미만 사업장에서 근무 한다"고 밝혔다. 금위원은 "5060세대는 퇴직 후 재취업을 해도 고용이 불안하고 임금이 낮은 비정규직이 대부분으로 빈곤의 위험성에 노출돼 있다"고 한다.

우리나라는 국민연금수급 시작 연령인 61세와 실제 퇴직시기인 53세 사이에 8년의 공백이 존재한다. 국민연금수령나이가 1957년~1960년생은 62세, 1961년~1964년생은 63세, 1965년~1968년생은 64세다. 1969년생 이후는 65세다. 현재 기준으로 평생 받은 월급의 평균액이 200만 원 정도이고 25년을 국민연금에 가입하면 대략 50만 원의 연금을 받는다. 2015년 1인 가구 최저생계비 62만 원에도 못 미친다.

최근 직장에서 은퇴한 베이비붐 세대(1955~1963년 출생자)는 생계형 자영업에 뛰어들고 있다. 2014년10월 산업연구원이 낸 '자영업 문제를 어떻게 볼 것인가'라는 보고서에 의하면 2013년 자영업자는 565만명으로 전체 취업자(2507만명)의 22.5%를 차지하고 있다. 주요 선진국의 취업자 대비 자영업자 비율은 2013년의 경우 미국 6.5%, 일본 8.8%이다. 경제협력개발기구(OECD) 회원 34개국 평균은 14.9% 수준이다.

지난 10년간 자영업자의 생존률은 16.4%이다. 국세청이 제출한 2014년 국정감사 자료에 의하면 2004~2013년까지 창업한 개인사업자 수는 949만개로 현재까지 유지되고 있는 수는 156만개라고 한다. 자영업자의 절반이 50대 이상 고령층(53.6%)이다.

자영업자 1인당 연소득은 2053만원으로, 근로소득금액 1인당 평균 2986만원의 60%에 불과하다. 개인사업자 1인당 대출 규모(2013년 3월말 현재)는 1억2000만원으로, 임금근로자 1인당 가계대출 4000만원의 약 3배 수준이다.

자영업을 폐업하면 별다른 소득 없이 집에서 쉬거나 비정규직 일자리로 갈 수 밖에 없다. 실제 2015년 자영업자 수 감소로 비정규직 근로자가 일시적으로 증가하는 현상을 나타냈다. 통계청의 '경제활동인구조사 근로형태별 부가조사'에 의하면 2015년 8월 기준 비정규직 근로자는 627만1000명으로 1년 전에 비해 19만4000명(3.2%) 증가했다.

폐업하는 자영업자들이 사회 극빈층으로 전락하지 않도록 사회적 대안이 필요하다. 자영업 폐업자에게 공공 근로사업 또는 가교 일자리를 확대 제공하여 빈곤계층으로 전락하지 않도록 해야 한다.

40세 이상 중·장년층을 이 책에서는 '시니어'라고 정의한다. 대한민국 정부도 40세 이상을 시니어로 정의하고 있다. 어원적으로는 '노인'이나 '고령연금자' 같은 표현과 다른, 지위·계급을 나타내는 선임·상급자를 뜻하는 말이다.

결론적으로 시니어 누구나 100세 시대를 맞고 있다. 대부분의 시니어들이 불안한 고용 일자리와 국민연금에 노후를 의지하기는 매우 어렵다. 자영업 종사자들의 형편도 마찬 가지다. 그런고로 100세 시대는 축복이 아니고 재앙이 다. 노후준비가 안 된 불로장생은 재앙이다. 그리고 시니어에게 서서히 다가오고 있다.

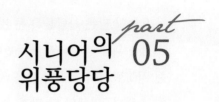

시니어의 위풍당당

"획죄어천 무소도야 [獲罪於天 無所禱也] 하늘에 죄를 지으면 기도할 곳이 없다."

하늘에 죄를 짓지 말라는 공자의 말이다.

하늘에 죄를 지으면 기도할 곳이 없다. 자신의 이기적 욕망을 위하여 남에게 극악무도한 피해와 원망을 주는 것은 인간으로서 최소한의 도리를 저버린 행위다. 하늘도 용서하지 않는다는 말이다.

또한 공자는 하늘의 뜻에 순종하는 순리의 삶이 아름답다고 한다. 인간이 죽고 사는 것은 운명에 있고, 부자가 되고 귀하게 되는 것은 하늘에 있기 때문이다. 맹자도 "하늘의 뜻을 따르는 자는 생존하고, 하늘의 뜻을 거스리는 자는 멸망 한다"고 했다.

물질 만능 주의에 살고 있는 우리 시니어의 삶을 한 번쯤 되돌아보자.

먼저, 작은 것도 소중하게 여기라.

오늘날 많은 사람들은 큰 것과 높은 것과 많은 것을 추구한다. 또한 그것을 위해 과감하게 행동한다. 남이야 죽든 말든 나 만 잘되면 된다는 사고방식이 우리의 삶을 지배하고 있다. 과정보다 결과를 더 중시하고 있다. 인생의 단 맛과 쓴 맛을 다 맛본 시니어의 삶은 변해야 한다. 결과보다 과정을, 오늘만큼 내일도 중요시하는 삶을 만들자. 작은 것을 통해 큰 것이 이뤄진다. 낮은 것의 의미를 알 때 높은 것의 소중함도 깨닫게 된다. 적은 것이 모여야 많은 것이 된다. 아주 작은 겨자씨 한 알이 큰 겨자나무를 만든다.

요즘 인터넷에 떠돌고 있는 말이 있다.

금수저 흙수저 이야기다. 금수저는 자산 20억원 이상, 또는 가구 연수입 2억원 이상 총인구 중 상위 1% 추산되는 층이다. 은수저는 자산 10억원 이상, 또는 가구 연수입 8천만원 이상 상위 3% 추산되는 층이다. 동수저는 자산 5억원 이상, 또는 가구 연수입 5천5백만원 이상 상위 7.5% 추산되는 층이다. 놋수저는 자산 1억원, 플라스틱 수저는 자산 5천만원 이상이다. 흙수저는 자산 5천만원 이하, 가구 연수입 2천만원 이하 층이다. 또한 연립주택에 산다, 집에 비데가 없다. 가로 네 칸, 세로 네 칸짜리 표 안에 하나하나씩 해당 사항에 동그라미를 그려가는 '흙수저 빙고' 게임이 있다. 최근 유행하는 이 게임은 재미있지도 웃기지도 않다. 동그라미를 많이 쳐서 빙고에 가까울수록 한국 사회에서 성공할 확률이 낮은 흙수저를 물고 태어났다는 것이다. 시니어의 자녀들이 연애·결혼·출산을 포기한다는 '삼포 세대', 취업·내 집 마련을 포기한 '5포 세대', 인간관계·희망을 포기한 '7포 세대', 건강·외모관리를 포기한 '9포 세대', 삶을 비관하여 삶을 포기한 '10포 세대'가 자신들의 처지를 비관하며 만들어낸 것이다. 오늘날 20~30대 한국 젊은이들이 N가지 것들을 포기한 'N포 세대'이다. 참으로 애석하다.

'지금 우리 사회에서 현재 본인 세대에 비해 자식 세대의 사회·경제 적 지위가 올라갈 확률이 얼마나 될 것으로 생각하느냐?'는 2015년 통계청 조사에서 '매우 낮다'거나 '비교적 낮다'라고 대답한 응답자가 전 연령대에서 2006년에 비해 두 배 정도 늘었다고 한다.

흙수저·노예·헬(지옥)조선과 같은 것이 2015년 한국인의 정서를 대 변하는 인터넷 유행어다. 한국인들이 점점 자기비하의 늪에 빠지고 있 다. 좋은 집안에서 태어나지 못한 스스로를 '금수저'의 반대말인 '흙수 저'로 칭한다. 월급쟁이에서 벗어나지 못하는 자신을 스스럼없이 '노 예'라 부른다. 우리나라는 한국인의 자부심 대신 자기비하의 신종 유 행병과 절망병을 앓고 있다.

시니어는 민주화 운동, IMF, 금융위기와 같은 수많은 역경을 이겨 낸 세대다. 시니어는 작은 것을 소중하게 여기는 건강한 삶을 살아야 한다. 작은 시냇물이 큰 바다를 이룬다. 우리 자녀들을 위로하고 용기 를 북 돋아 주어야 한다.

다음은, 비전을 포기하지 말라.

자기의 현재 모습이 작게 보여도 결코 절망해서는 안 된다. 자기의 삶에 끊임없이 의미를 부여해야 한다. 어떤 사람은 실패와 비판이 두려워서 비전을 품지 않는다. 어떤 사람을 투자비용이 아깝고 본전까지 잃을까봐 비전을 품지 않는다. 어떤 사람은 성공이 불확실하다고 비전을 품지 않는다. 비전이 없으면 비상구도 없다. 우리는 항상 평탄한 길로 갈 수 없다. 물론 비전 없이 평범하게 살 수는 있다.

한 유명한 야구선수가 3가지 다짐을 했다. "첫째, 하루에 천 번 스윙을 한다. 둘째, 몸을 해치는 술 담배는 절대로 하지 않는다. 셋째, 나를 돌아보기 위해 매일 일기를 쓴다. 그리고 이 세 가지를 지키지 않으면 잠을 자지 않는다." 그 다짐대로 실천해서 최고의 야구스타가 되었다.

물론 성장이 쉽지는 않다. 곳곳에 난관이 있고 자기 뜻과 노력대로 안 될 때도 많다. 그래도 비전을 포기하면 안 된다. 일이 안 되는 것은 일이 견고하게 되기 위한 진통이다. 아픔을 겪을 때는 인생을 포기하고 싶지만, 나중에 보면 그때가 견고한 사람이 되기 위한 진통의 때였다는 것을 알게 된다. 첫 술에 배부를 수 없다. 큰 비전도 시작은 미약한 법이다. 성공이 금방 주어지지 않아도 너무 서두르지 말라. 너무 빨리 뛰어가면 멀리 가지 못한다. 인생은 뛰듯이 살지 않고 걷듯이 살려고 할 때 더 멀리 간다. 어떤 것도 인내를 대신할 수 없다. 많은 재능도 인내를 대신할 수 없다. 재능이 많은 사람이 성공하지 못할 때도 많다. 교육도 인내를 대신할 수 없다. 세상에는 교육받은 직무태만자로 넘친다. 비전을 달성하려면 인내의 시간과 아픔의 시간이 필요하다. 낙심하지 않고 포기하지 말고 인내하라.

끝으로, 열등감을 버리라.

열등감은 다른 사람에 비하여 자기는 뒤떨어졌다거나, 자신은 능력이 없다고 생각하는 만성적인 감정 또는 의식이다. 열등감에 빠진 사람은 자기 자신을 무능하고 무가치한 존재로 여긴다. 무의식 속에서 자신을 부정한다. 합리적이거나 이성적이지 못하고 불안 심리로 이상한 행동을 한다. 항상 경쟁에서 자신은 실패할 거라는 생각에 사로잡혀 있다. 열등감을 특수한 사람에게 생기는 것이 아니다. 열등감은 타인과 나를 비교하면서부터 자연스럽게 만들어진다. 열등감은 자신의 콤플렉스와 관련되어 있다. 콤플렉스는 누구에게나 하나둘씩 있다. 대부분의 사람들은 모두 저마다의 열등감이 있다. 다만 정도에 따라 차이가 있을 뿐이다. 하지만 누구는 이를 성공의 동력으로 삼는다. 또한 누구는 열등감에 지배당해 평생을 열등감의 노예로 지낸다. 열등감이 문제가 아니라 열등감에 빠지는 것이 문제다. 인생을 멋지게 산 사람도 열등감이 있었다.

열등감을 잘 극복한 사람이 있다.

소아마비로 열등감을 가졌던 루스벨트는 리더십을 길러 미국 역사상 가장 훌륭한 대통령이 되었다. 돌대가리라는 소리를 들으며 열등감에 빠졌던 소크라테스는 열등감을 잘 극복해 위대한 철학자가 되었다. 아인슈타인은 학창시절 수학을 못하는 열등생이었다. 에디슨은 아예 학교에서 쫓겨났다. 엘비스 프레슬리 역시 첫 오디션에서 다시 트럭운전이나 하라는 악평을 들었다. 한국 대중 음악계를 완전히 바꿔놓았다는 평가를 듣는 서태지 역시 오디션에서 혹평을 들으며 속울음을 삼켜야 했다. 이들은 모두 자신에 대한 믿음으로 열등감을 극복했다. 또한 열등감 자체를 동력 삼아 성공을 향해 내달려 끝내 그것을 쟁취했다.

열등감은 마음을 좀 먹게 하는 곰팡이와 같다. 방치할 경우 자존감에 상처를 입힌다. 자신감을 위축시켜 결국 자신을 아무것도 아닌 존재로 만들어버린다. 열등감 극복에 있어 가장 현명한 비결은 자신을 있는 그대로 받아들이는 것이다. 남과의 지나친 비교는 자제해야 한다. 지금 이대로도 잘하고 있다는 자기 격려와 이만큼도 잘했다는 자기 칭찬과 못나고 약한 자신을 토닥일 줄 아는 자기애가 열등감을 없애는 최고의 방법이다.

시니어는 자기의 현재 모습이 조금은 작게 보여도 결코 실망하지 말라. 자기 삶에 끊임없이 의미를 부여하고 행동하라. 자신에 대해 실망하지 말고 열등감에 빠지지 말라. 자신감을 갖자. 이것이 시니어 삶의 지혜이다.

미국 제32대 대통령 프랭클린 D. 루스벨트의 부인 애나 엘리너 루스벨트 말이다.

"열등감은 스스로 인정하지 않는 한 절대로 생기지 않는다. 내일을 기다리기 전에 내일을 오늘로 앞당겨야한다"

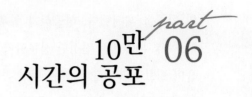

10만 시간의 공포

"용기는 별로 인도하고, 공포와 두려움은 죽음으로 인도한다."

고대 로마제국의 사상가 세네카의 말이다.

공포의 끝은 죽음이다. 공포(恐怖)는 특정한 사물이나 상황에 대해 극렬하면서 지속적으로 나타나는 비이성적인 두려움이다. 공포는 불안장애의 증상으로 공포증을 일으킨다. 공포증은 공포의 감정이 강박적으로 특정대상에 결부되어 행동을 저해하는 이상반응이다. 공포의 대상에 따라 다양한 공포의 유형이 있다. 대표적인 것은 높은 곳에 대한 고소공포증과 밀폐된 공간에 대한 폐쇄공포증과 어둠에 대한 어둠공포증이다.

시니어가 더 나은 미래를 원한다면 용기를 가지고 공포를 이겨내야 한다.

우리가 잘 알고 있는 1만 시간의 법칙이 있다. 이 법칙은 캐나다의 저널리스트이자 작가, 강연가인 말콤 글래드웰이 자신의 저서 《아웃라이어》에서 성공은 무서운 집중력과 반복된 학습의 산물로 1만 시간의 법칙을 제시했다. 성공하기 위해선 재능뿐 아니라 노력이 중요하다. 특정 분야에서 진정한 전문가가 되기 위해서는 1만 시간가량의 연습이 필요하다. 1만 시간은 대략 하루 세 시간, 일주일에 스무 시간씩 10년간 연습한 것과 같다. 우리가 잘 알고 있는 마이크로소프트 창업자 빌 게이츠, 영국의 보컬가수 비틀즈, 피겨선수 김연아, 골프선수 최경주, 세계적인 성악가 조수미, 세계적인 지휘자 정명훈 같은 이가 1만 시간의 법칙의 가치를 증명한 사람들이다.

우리 시니어들도 각 분야에서 자신도 모르게 1만 시간의 법칙을 실현했다. 그리고 그 분야에서 최고의 자리매김을 했다. 세월은 속일수가 없고 자연법칙에 따라 야속하지만 흘러만 간다. 엊그저께만 해도 은퇴라는 말은 저 멀리서 메아리치던 말이 아닌가? 그 메아리가 현실이 되어 시니어 앞에 나타났다. 또 이미 맞이하고 있다.

은퇴하기 전 현역으로 있을 때 하루 24시간은 시속 100킬로미터로 질주하는 자동차 같이 너무나 빨리 지나갔다. 은퇴 한 시니어는 하루 24시간을 소일거리로 보내다 보니 시간이 멈춘 것 같고 느리게만 간다.

2015년 9월 서울시 '통계로 본 서울시민 생활시간 변화' 발표 내용이다. 성인의 하루 평균 수면시간은 7시간 52분, 식사와 간식 시간은 1시간 58분, 위생·외모관리 시간은 1시간 22분이다. 수입을 얻기 위한 노동시간은 남성이 4시간 27분, 여성이 2시간 39분이다. 학습시간은 29분, 여성의 음식 준비 시간은 1시간 11분이다. 남성은 미디어 이용에 2시간 25분으로 여성보다 7분 많다. 스포츠와 레포츠 시간도 40

분으로 여성보다 12분 더 사용한다.

이를 근거로 시니어의 24시간을 기준으로 10만 시간을 계산해 보자. 2014년 한국 남성의 기대수명 79.0년, 여성은 85.5년이다. 65세인 남자는 향후 18.3년, 같은 연령의 여자는 22.8년 더 생존한다. 건강수명은 남성이 68.79세, 여성이 72.48세로 기대수명 보다 더 짧다. 시니어의 80세 이후는 덤으로 사는 삶으로 건강이 좌우한다. 수면 8시간, 식사·간식 2시간, 위생·외모관리 1시간을 제외한 13시간이 여가시간이다. 60세 은퇴한 시니어의 80세까지 여가시간은 94,900시간(13시간 x 365일 x 20년)이다. 55세 은퇴한 시니어의 여가시간은 118,625시간이다. 두 세대의 평균 여가시간 106,762시간을 10만 시간으로 정의한다.

은퇴 평균나이 53세를 적용하면 이보다 훨씬 많은 여가 시간이 된다. 시니어의 은퇴 후 10만 시간은 오늘날 직장인 연평균 근무시간 2,080시간(8시간 x 5일/주 x 52주)을 기준하면 48년의 근무시간과 같다. 놀랍고 긴 시간이 아닌가?

대한민국이 국가부도 위기를 극복하고자 1997년 12월에 국제통화기금(IMF)에 구제금융 요청을 하기 전까지 은퇴라는 것에 대한 개념조차 없었다. 한 직장에서 특별한 과오가 없는 한 평생 일을 하고 월급을 받을 것으로 누구나 생각했다. 은퇴란 국가 공직자, 교사들에게나 어울리는 말이라고 생각했다.

존 C·로비슨은 자신의 저서 『남자답게 나이 드는 법』에서 "삶은 유한하다. 사람의 인생은 모두 같다. 10세에는 사탕에, 20세에는 이성에, 30세에는 쾌락에, 50세에는 탐욕에 휘둘린다. 그 이후에는 더 이상 남은 것이 없으니 지혜를 추구 한다"라고 했다.

맞는 말이다. 이런 인생의 라이프 사이클 과정에서 시니어들은 탐욕으로 일생을 망친 사람이 많다. 매일 접하는 TV, 신문, 인터넷에서 탐욕으로 망친 사회지도층 사람을 많이 본다. 왜 그랬을까 하는 측은지심까지 든다. 다 부질없는 탐욕과 지혜의 결핍에서 오는 결과라 생각한다.

시니어들이 은퇴라는 과정을 지나 '안락한 가정'으로 돌아오고 있다. 이제야 비로소 이런 탐욕을 내려놓고 지혜롭게 인생의 노후를 맞이한다는 말이다. 은퇴와 노후는 좋든지 안 좋든지, 원하든지 안 원하든지 필연적으로 시니어에게 다가 온다. 다만 순서만 있다. 다가오는 은퇴 후 10만 시간을 알차게 보낼 것인가, 무의미하게 허비할 것인가는 시니어 각자의 몫이다. 다시 말해 은퇴 후 10만 시간을 축복의 황금시간으로 즐길 것인가 아니면 공포의 시간으로 연명할 것인가? 시니어 각자의 하기 나름이자 몫이다.

시니어들 시대와 부모들 시대는 다르다. 부모들 세대는 자식들의 도움으로 그럭저럭 노후를 맞고 보냈다. 지금의 시니어들은 스스로 노후를 책임지고 보내야 한다. 10만 시간을 여가시간으로 허비할 수 없다. 100세 수명 시대를 맞아 대부분의 시니어들은 어떤 일이든 일을 해야 한다. 우리 시니어의 노후 짐을 자식들에게 넘겨서는 안 된다. 우리의 자식들은 우리가 한창 일 때 보다 더 힘들고 고된 삶을 살고 있다. 그런고로 건강이 허락하는 한 나이에 관계없이 시니어들은 일을 해야 한다. 일을 한다는 것은 곧 건강하다는 것이다. 일만 주장한다고 불만을 제기하는 시니어도 있을 것이다. 물론 가능하다면 봉사활동, 취미생활, 종교 활동, 여행을 병행하기를 권면한다.

저자는 어떻게 하면 은퇴 후 10만 시간을 기쁘게 맞이하고 보람 있게 보낼 것인가를 수년전부터 많은 고민과 연구를 했다. 은퇴 후 10만 시간의 핵심은 건강한 육체와 행복한 생활이다. 헬스케어 분야에서 현재까지 34년 일을 하고 있는 저자는 그 동안 습득한 지식과 경험을 이 책에 다 쏟아 붓는다. 반면에 노후 자금, 투자 방법, 연금 등 재무적인 부분은 재무관련 전문가가 아니므로 피하고자 한다. 비 재무전문가가 재무부분에 손을 댄다면 재무전문가들에게 대한 예의가 아닌 것 같다.

은퇴 후 10만 시간은 시니어들이 전심전력할 고귀한 시간이다. 10만 시간의 공포를 행복과 기적의 10만 시간으로 승화시키고 싶지 않은가?

10만 시간의 공포를 행복과 기적의 10만 시간으로 바꾼 대표적인 사람이 있다. 하루걸러 수영하고 글 쓰며 강연하는 건강한 삶을 꾸려가고 있는 96세의 김형석 교수와 KBS 1TV 전국노래자랑 프로그램을 25년째 맡고 있는 '아흔 청춘' 90세의 송해 방송인이다. 1977년부터 1981년까지 미국 제39대 대통령을 지낸 카터 전 대통령은 재임 시절보다 퇴임 후 더 활발한 활동으로 큰 존경을 받아왔다. 57세 퇴임 후 카터재단을 설립한 후 미국의 빈곤층 지원 활동, 사랑의 집짓기 운동, 국제 분쟁 중재 같은 활동을 활발히 했다. 2015년 91세로 간암이 뇌로 전이 됐다는 시한부 판정을 받고도 퇴임 후 34년간 매주 일요일마다 직접 성경을 가르치고 있다.

현대그룹 창업자 고(故) 정주영 회장의 어록이 생각난다.

"작은 일에 성실한 사람은 큰일에도 성실하다. 작은 일을 소홀히 하는 사람은 큰일을 할 수 없다. 작은 일에도 최선을 다하는 사람은 큰일에도 전력을 다한다."

chapter

02

___

가치
발견하기

part 01 성공을 부르는 5가지 비밀법칙

우리가 흔히 듣는 말이 있다. 운이 좋은 사람과 운이 사나운 사람이 있다. 시험도 척척, 사랑도 척척, 하는 일마다 크게 성공하여 부러움을 사는 사람은 운이 좋은 사람이다. 하는 일마다 실패, 뒤로 넘어져도 코가 깨지는 불운이 연속되는 사람은 운이 사나운 사람이다. 보통 사람들은 운을 타고 난다고 한다. 그렇지 않다.

'누구나 노력으로 불운을 행운으로 바꿀 수 있다'고 일본 뇌 과학자들이 밝혀냈다. 운이 좋은 사람은 뇌가 활성화 된 사람이다. 도파민이나 노르아드레날린과 같은 뇌 신경전달물질이 많다. 뇌의 상태가 활발할 때 수많은 정보 가운데 긍정적인 요소를 많이 입수한다. 신경전달물질이 부족한 사람은 주의력이 떨어지고, 긍정적인 정보 입수가 적어 다가오는 행운을 놓친다. 이처럼 중요한 신경전달물질은 충분한 숙면과 적당한 운동을 통해 활성화된다. 행운을 불러들이는 첫걸음은 건강한 몸에서부터 출발한다.

일본 뇌과학자 나카노 노부코 박사의 말이다.

"선천적으로 타고난 뇌를 바꾸는 것은 불가능하지만, 운이 좋은 뇌로 만들 수는 있다. 현재의 자신을 바꾸려하지 말고, 자신이 가진 특성을 잘 살리라."

행운과 불운은 누구에게나 공평하게 찾아온다. 운이 좋은 사람은 운을 포착하는 능력이 뛰어나다. 불운을 막는 행동과 사고방식을 갖고 있다.

시니어에게 필요한 성공을 부르는 5가지 비밀법칙은?

첫 번째, 자신감을 가져라.

자신감과 신념이 갖는 힘과 꿈은 반드시 실현된다고 믿어야 한다. 어떤 어려운 상황에서도 가능성은 항상 존재한다. 자기 자신의 의지에 따라 행동하라. 자신의 생각을 스스로 조절하라. 간절한 꿈을 도중에 포기하지 마라. 인생을 긍정의 마음으로 바라보라. 남의 의견에 휩쓸리지 않고, 자신만의 가치관을 확실히 갖는 것이 중요하다. "나는 할 수 있다"라고 큰 소리로 외치면 효과는 배가 된다. "나는 안 돼"라고 단정하는 사람, 한숨을 내 쉬는 사람은 자신감이 없는 사람이다. 남과 의견이 대립할 때 조건 없이 물러서는 사람 또한 자신감이 없는 사람이다. 시니어는 자신은 소중한 사람이라는 인식을 가져야 한다. 그리고 자신감도 가져야 한다.

두 번째, 목표를 정하고 달려가라.

시니어는 낙관적인 사고를 할 수 있도록 항상 자기 자신을 조정해야 한다. 작은 목표부터 하나씩 단계적으로 해야 한다. 자신이 이루고자 하는 목표가 무엇인가를 분명히 하라. 최종 목표까지 이르는 전 과정을 몇 단계로 구분하라. 이것이 순조롭게 목표에 이르는 사람과 그렇지 않은 사람의 차이이다.

심리학에 '노력 역전의 법칙'이 있다. 실패하지 않도록 하자고 무리하면 할수록 실패할 확률이 높아진다. 이유는 간단하다. 실패하지 않는다는 생각으로 자신을 그 방향으로 이끌면 긴장한 나머지 중요한 부분을 놓치기 때문이다. 미국의 연구조사에 '적당한 불안감을 느끼는 쪽이 본래의 실력을 발휘 한다.'는 결과가 있다. 운이 좋은 사람은 뚜렷한 목표와 꿈이 있다. 그것이 이뤄진 순간을 머릿속에 항상 그려본다. 자신은 물론 다른 사람의 행복까지 포함된 긍정적인 생각은 행운을 불러오는 최고의 습관이다.

세 번째, 에너지를 한곳에 집중하라.

인생은 마음과 육체적인 에너지를 최고로 집중하는 마라톤과 같다. 초반 5km는 살살 페이스를 조절하며 뛰는 단계다. 태어나서 걸음마하고 학교 다니는 시기다. 이후 10km까지는 스스로 감탄하면서 신나게 달리는 단계다. 젊은 열정의 20대다. 15km가 지나면 몸이 무거워지기 시작하고 25km 지점에서 큰 위기가 오는 단계다. 퇴직, 은퇴, 사업실패 라는 위기가 오며 삶을 챙겨보는 중년 시기다. 30Km에서 35Km에서는 몸은 만신창이지만 골인이 얼마 안 남았다는 마음으로 가벼워지는 단계다. 온갖 풍파를 헤치고 노년을 맞는 시기다. 41km 팻말이 보이면 문득 후회와 아쉬움이 몰려오는 단계다. 내가 왜 이렇게 밖에 못 달렸나, 아까 더 힘을 냈으면 기록이 달라졌을 것인데 와 같은 후회를 한다. 인생의 종점에 닿아 삶을 후회하는 단계다.

적성에 맞지 않는 일을 하는 것은 낭비다. 성공하는 사람과 실패하는 사람의 차이는 에너지 집중이다. 에너지 집중 없는 노력은 인생의 성공을 보장하지 못한다. 성공은 집중력이다. 중요하지 않은 일에 시간을 낭비하지 마라. 보다 나은 가치를 얻기 위해 자투리 시간을 잘 활용해야 한다. 자신의 일을 사랑하는 사람은 자투리 시간도 허비하지 않는다.

1992년도 바르셀로나 올림픽에서 공기소총 금메달을 딴 이은철 선수이야기다. 운동으로 세계 1등을 했으나 머리도 나쁘고, 운동 말고는 아무것도 못할 것 같다는 상식을 깨버렸다. 이은철 선수는 IT 벤처기업을 창업했고 매출 100억 원대를 달성했다. 운동선수가 이동통신 시스템 기술회사를 창업해서 성공을 한 것이다. 세상의 편견을 이겨낸 에너지를 한 곳에 집중한 결과이다.

"나는 무엇인가를 이루기 위해서 끊임없이 나의 에너지 100%를 쏟은 적이 있었나?"를 한번 새겨볼 말이다.

네 번째, 시련을 달게 받아들여라.

시련을 피하지 말고 정면 돌파하여 스스로 이겨내야 한다. 더 열심히 노력하여 고난을 극복하고 앞으로 나가야 한다. 실패를 맛보지 않고 성공한 사람은 아무도 없다. 절망적인 상황은 절망적인 상황을 인식하는 데서 비롯된다. 다가오는 불안을 피하지 말고 정면으로 마주하라.

한국 국민이 너무나 좋아하는 피겨스케이터 김연아 선수 이야기다.

> 훈련을 하다 보면 늘 한계가 온다. 근육이 터져 버릴 것 같은 순간, 숨이 턱까지 차오르는 순간, 주저앉아 버리고 싶은 순간... 이런 순간이 오면 가슴 속에서 뭔가가 말을 걸어온다. '이 정도면 됐어', '다음에 하자', '충분해' 하는 속삭임이 들린다. 이런 유혹에 문득 포기해버리고 싶을 때도 있었다. 하지만 이 때 포기하면 안한 것과 다를 바 없다. 99도까지 열심히 온도를 올려놓아도 마지막 1도를 넘기지 못하면 영원히 물은 끓지 않는다. 물을 끓이는 건 마지막 1도, 포기하고 싶은 바로 그 1분을 참아내는 것이다. 이 순간을 넘어야 다음 문이 열린다. 그래야 내가 원하는 세상으로 갈 수 있다.

시련을 달게 받고 자기 것으로 만든 사례라고 본다. 시니어는 세상의 온갖 고난을 극복하고 경험을 많이 했다. 은퇴라는 큰 시련을 맞지만 오후반 인생의 축복이라고 생각하고 달게 받아 들이고 이겨내자.

다섯 번째, 성숙한 인격을 배양하라.

성공한 사람들은 사람의 마음을 끄는 인격을 갖추고 있다. 성경에 황금률이 있다. 황금률은 '무엇이든지 남에게 대접을 받고자 하는 대로 너희도 남을 대접하라'(마태복음 7장 12절)이다. 황금률을 실천하면 원하는 것을 갖게 된다. 타인을 먼저 존경하라는 것이다. 배우겠다는 자세와 열린 마음이 중요하다. 상대방에 대한 배려와 사랑은 성숙한 인격을 만든다. 타인에 대한 물질적인 존경보다 정신적인 존경이 중요하다. 함부로 남을 비판해서도 안 된다. '나 외의 모든 사람은 고객이다'라는 말이 있다. 상대방이 있기 때문에 자신이 존재하고 발전할 수 있음에 감사해야 한다. 누구나 자신의 고통을 하소연 하기는 쉬워도 상대방의 어려움을 이해하기는 쉽지 않다. 들어준다는 것도 훌륭한 인격이다. 지금은 더불어 사는 세상이다. 타인을 이해하고 타인을 통해 자기 발전을 꾀하라. 이것이 성공하는 길이다.

인간은 먼저 자기 자신을 생각한다. 자기 자신을 돌보고 나서야 비로소 타인 에 대해 생각할 여유가 생긴다. 시니어는 이 정도는 초월한 사람들이다.

큰 사람으로 만들기 위해 하늘이 내려준 선물이 고통이다.

"너는 큰일을 하기 위해 이 세상에 태어났다. 네가 지금 이렇게 병으로 고통 받는 것은 너를 강하고 위대한 사내로 만들기 위한 하나님의 시험이다."

시어도어 루스벨트대통령이 심한 천식으로 불행한 나날을 보내던 어린 시절 에 아버지가 늘 하던 말이다.

part
02 4곱하기 20,
80세 인생의 방정식

공자의 인생을 6단계로 정리한 말이다.

"오십유오이지우학(吾十有五而志于學),삼십이립(三十而立),사십이불혹(四十
而不惑),오십이지천명(五十而知天命),육십이이순(六十而耳順),칠십이종심소
욕불유구(七十而縱心所欲不踰矩). 나이 열다섯에 학문에 뜻을 두었고, 서른
에 뜻이 확고하게 섰으며, 마흔에는 미혹되지 않았고, 쉰에는 하늘의
소명을 알았고, 예순에는 남의 말이 귀에 순하게 들렸고, 일흔에는 마
음을 따라 해도 법도에 어긋나지 않았다."

공자는 15세에 학문에 뜻을 두었다. 30세에 확고한 뜻을 세웠다.
15년의 학습기간이 공자의 철학과 사상의 학문적 기초가 되었다. 이
런 학문적 소양으로 공자의 인품은 세월의 흐름과 함께 성숙되어 갈
수 있었다. 그래서 마흔은 불혹(不惑), 쉰 살은 지천명(知天命), 예순은 이
순(耳順), 일흔은 불유구(不踰矩)로 나이를 표현하는 명언이 되었다.

방정식은 어떤 문자가 특정한 값을 취할 때 같다는 수학 등식(=
equal)이다. 등식이 중간에 놓이면서 양쪽에 동등한 균형을 이루게 되

면 답이 된다. 인생살이도 마찬가지다. 아무리 난관에 부딪치더라도 문제의 핵심을 알고 단순화 시키면 해결책을 찾는다. 그 과정에서 중요한 것은 등식(=)을 유지해야 한다. 인생의 어려운 문제도 동등한 가치를 기본으로 삼고 단순화시키면서 풀어 가면 된다.

시니어, 인생의 방정식을 풀어보자.

시니어는 4 곱하기 20 이라는 계산식으로 80세까지 산다고 하자. 첫 20년은 교육을 받고 사회에 빚을 낸 채무자다. 다음 20년은 일을 하면서 채무자로서 그 빚을 갚는다. 그 다음 20년은 채권자가 되고, 나머지 20년은 그 돈을 받으며 살아간다. 교육 받으며 보낸 20년과 일을 하는 40년과 은퇴 생활 20년 이 건강한 시니어 삶의 방정식이다.

그러나 이 방정식은 등식이 성립하지 않는다. 이미 풀기가 불가능한 방정식이다. 취업과 조기퇴직, 빚, 수명 연장과 낮은 출산율과 같은 것이 예전과 같은 조건을 충족하지 못한다. 방정식을 다시 풀어야 한다.

서울대학교 노화고령사회연구소의 '2013 한국의 베이비부머 심포지움' 내용이다. 베이비부머의 은퇴 후 생활비 충당을 위한 저축과 투자 상황을 살펴본 결과 아직 시작도 못했다(16.9%), 상당히 미흡한 수준(41.9%), 계획이 없다(9%), 이미 충분히 준비했거나 차질 없이 준비하고 있다(20.9%)와 같은 부정적으로 응답한 사람들이 3분의 2를 차지한다.

한국의 국민연금은 생활 안정의 목적을 달성하지 못하고 용돈 연금 수준이다. 앞으론 용돈 연금 가능성이 매우 커진다. 국민연금연구원에 따르면 2015년 소득대체율(생애평균소득 대비 연금의 비율)이 24.2%라고 한다. 연금보험료 납부기간이 평균 16.7년에 불과하기 때문이다. 2020년 24.8%로 정점에 달했다가 2030년 23.3%, 2040년 21.8%, 2050년 20.4%로 떨어진다고 한다. 연금 종주국인 독일은 47%이다.

중앙일보는 2015년 10월 40~59세 1000명을 대상으로 국민연금 인식을 조사했다고 한다. 노후연금 예상 수령액을 알고 있는 사람(364명)이 밝힌 평균 연금액은 63만원이며, 이것은 노후 생활비의 29%이다. 전체 95%가 연금이 적정 노후 생활비로 부족하다고 한다. 국민연금이 용돈 연금밖에 안 된다고 86.7%가 응답했다. 생활비를 보충하기 위해 은퇴 후에 저축하거나(42.3%), 일을 하려는 사람(41.5%)이 많다고 한다.

노사정위원회는 일반해고요건 완화, 취업규칙 불이익 요건변경 완화, 비정규직 사용기간 연장, 파견근로 확대와 같은 정부의 노동개혁 중 핵심 악법으로 꼽히는 모든 안에 대해 합의했다. "내년(2016년)부터 60살 정년제가 시행되어 성실한 근로자들은 60세까지 안정적으로 고용이 보장되고 기업은 경쟁력이 올라갈 수 있다."는 박근혜 정부 이기권 고용노동부장관의 말이다.

정년이 57세에서 60세로 연장이 되었다. 그 대신 임금피크제 실행으로 임금이 매년 10%씩 감소된다. 그나마 다행인 것은 3년 더 현직에 있다는 것이다. 노후 준비를 못하고 있는 베이비붐 세대 3분의 2에게 숨통이 트인다고 볼 수 있다. 정년이 연장된 이 3년으로 노후 대책을 해결할 수 있을까?

한국의 베이비붐 세대의 삶은 노후대비 위한 투자를 못하고 있다. 또한 베이비부머들의 10.1%는 신체건강과 정신건강에 문제가 있는 고위험집단이다. 중요한 것은 베이비붐 세대 712만 중 20년의 채무자가 20년의 채권자로 얼마나 바뀌는가이다. 채권자로 바뀌는 숫자가 많아야 건강하고 행복하게 인생의 20년을 보낼 수 있다.

2015년 57세로 정년을 맞는 사람 약 16만 명이다. 불행하게도 정년 60세의 혜택을 받기가 어렵다. 11만 명은 힘겨운 노후 생활에 접어든다.

80세 인생의 방정식의 해법은 있는가?

4 곱하기 20, 80세 인생의 방정식은 해법은 아직 없다. 그 이유는 노인인구 증가이다. 2018년이면 65세 이상 노인인구 비율이 전체 인구의 14.3%, 2026년에는 20%를 넘는다. 빈곤, 질병, 소외의 노인의 3중고는 노인 개인 및 사회 전체의 문제가 된다. 노인의 고용, 노인문화, 노인관련 산업발달, 사회복지 수요증대와 같은 것이 유일한 해법이다. 그러나 해법이 보이지 않는다. 해법 없는 방정식에 매달리지 말자. 작은 것부터 찾고 실행하자.

시니어는 오후반 인생을 고민해야 한다. 농부가 겨울채비를 위해 봄에 씨앗을 뿌리듯 오후반 인생을 준비해야 한다. 시니어의 노후가 준비 되어 있지 않으면 겨울나기 준비가 안 된 것과 같다. 가을 지나면 곧 겨울이 오듯 시니어에게 혹독한 겨울이 다가온다. 소홀한 노후 준비로 얼어 죽지 않을 만큼의 정부지원에 목숨을 부지하는 서글픈 인생이 되지 말자.

시니어의 오후반 인생의 보너스 삶은 아름다운 선물이다. 그것을 사용하고 즐기는 것은 우리의 몫이다.

미국의 신화종교학자이자 작가인 조셉 캠벨의 말이다.

"당신에게는 삶을 변화시켜 원하는 삶을 창조할 힘이 있다."

쐬주 한 잔! 인맥 관리

part 03

"익자삼우 손자삼우 우직 우량 우다문 익의(益者三友 損者三友 友直 友諒
友多聞 益矣), 우편벽 우선유 우편녕 손의(友便辟 友善柔 友便佞 損矣).

유익한 벗이 세 종류 있고, 해로운 벗이 세 종류 있다. 정직한 사람을
벗하고, 신실한 사람을 벗하고, 견문이 풍부한 사람을 벗하면 도움이
된다. 편벽한 사람을 벗하고, 부드러운 척하면서 아첨하는 사람을 벗
하고, 말만 그럴듯하게 둘러대는 사람을 벗하면 해가 된다."

논어 《계씨 편》에 나오는 공자의 말이다.

인간은 사회적인 동물로 태어나서 죽을 때까지 혼자 살지 못한다.
가족이란 구성원이 있고, 사회적으로 구성원을 만들고 함께 지낸다.
지금은 예전에는 상상하지도 못했던 사회적 구성원을 빠르고 쉽게 만
든다. 지구촌의 친구 맺기는 빠르면 몇 초 내에 늦어도 2~3분 안에 이
루어지는 세상이다. IT 발달에 따른 SNS(Social Networking Service)덕분
이다. 공자가 살아 있다면 기절초풍 했을 것이다.

공자는 사회구성원을 벗이라 했다. 더불어 유익한 벗과 해로운 벗

으로 분류했다.

유익한 벗 세 종류를 알아보자.

첫째, 우직(友直)이다. 정직한 사람과 벗을 해야 한다. 친구라고 편들 어서는 안 된다. 잘못된 것은 잘못되었다고 얘기해주고 정직하게 직언 하는 친구가 벗이다. 우리가 살고 있는 사회는 정직한 사람이 손해를 본다는 인식이 있다. 요령과 속임이 판을 치는 세상이다. 이런 무리들 이 성공하는 시대다. 정직은 변하지 않는 진리이다. 세상이 변하고 있 다. IT의 발달로 점점 투명한 사회로 변하는 것이 다행이다. 정직이 인 간의 삶을 좌우하는 시대다.

둘째, 우량(友諒)이다. 신실한 사람과 벗을 해야 한다. 매사에 신의가 있고 성실하고 믿을 수 있는 친구가 벗이다. 주어진 환경에서 자신의 일을 묵묵히 하는 사람이 성실한 사람이다. 성실한 사람은 자신에게 주어진 책임을 다하는 사람이다. 지금은 전문가 시대다. 자신의 일에 성실하지 못하는 사람은 전문가가 아니다. 자신에게 주어진 분야에서 피와 땀과 눈물을 흘리는 사람만이 전문가가 된다. 성실함이 전문가를 만든다.

셋째, 우다문(友多聞)이다. 견문이 넓은 사람과 벗을 해야 한다. 해박 한 지식과 많은 경험을 하고 견문이 넓은 친구가 벗이다. 지식을 얻는 방법은 학습을 통해 얻는다. 잊어버릴 것을 잊고 남는 것이 자신의 지 식이 된다. 세상에는 얄팍한 몇 가지 지식을 가지고 박식하다고 자찬 하는 사람이 많다. 한심함을 넘어 그의 강심장에 부러움을 느낀다. 눈과 귀를 열어 모든 것을 포용하며 살아도 이 세계를 모두 안다는 것은 장님이 코끼리 만지는 정도이다. 학습의 기쁨은 인생을 풍요롭게 하고 건강에도 많은 도움이 된다.

공자의 말이다.

"세 사람이 길을 가면 그 가운데 반드시 스승을 삼을 만한 사람이 있는 법, 좋은 점을 보면 본받아 배우고 나쁜 점을 보면 반성하면서 배운다."

해가 되는 벗 세 종류를 알아보자.

첫째, 우편벽(友便辟)이다. 자기중심적인 벗이다. 자기 편의대로 해석하고 자기중심적으로 생각하는 벗이다. 이익 여부에 따라 배신이 가능한 친구다. 모든 사물에는 빛과 그림자가 있다. 빛만 보는 사람도 문제가 있고 그림자만 보는 사람도 문제가 있다. 어느 쪽을 보느냐가 중요하다. 빛과 그림자의 양면을 보는 사람을 벗으로 하면 어리석은 사람이다.

둘째, 우선유(友善柔)이다. 자기 주관이 없는 벗이다. 물에 물 탄 듯, 술에 술 탄 듯한 벗이다. 유한 것은 좋으나 맺고 끊음이 확실하지 못한 친구이다. 부드러운 것은 참으로 좋다. 하지만 아첨하는 사람은 경계해야 한다. 인간은 쓴 소리하는 사람을 싫어한다. 인간은 편한 소리를 하는 사람을 좋아 한다. 역사적으로 보아도 간신배는 존재한다. 이중 인격으로 다가오는 사람을 경계해야 한다.

셋째, 우편녕(友便佞)이다. 말 재주를 잘 부리는 벗이다. 변명하기에 능하고, 아첨을 잘하는 벗이다. 항상 말이 앞서고 말 뿐인 친구이다. 행동 없이 말만 하는 친구는 경계해야 한다. 진심이 담겨 있지 않은 말들은 감동을 줄 수 없다. 진실한 말 한 마디가 천 냥 빚을 갚는다.

"네 친구를 보여 달라. 그러면 나는 너를 평가할 것이다."

- 서양 속담

가슴에 와 닿는 말이다.
시니어 당신의 인맥은 어떤가?

우리는 배움의 단계인 학교를 통한 인맥, 직장과 사회를 통해 얻은 인맥과 같은 다양한 인맥을 갖고 있다.

60평생 살면서 느낀 것이 있다.

첫째, 내가 먼저 다가가자.

내가 먼저 다가가 노크를 하면 상대방이 마음 문을 연다. 그리고 나를 공개해라. 자존심은 그 다음에 세워도 된다. 내가 먼저 솔직한 모습, 인간적인 모습, 망가진 모습까지 보여주면 상대방도 편안하게 마음 문을 열게 된다. 좋은 인맥을 만들려 하기 전에 먼저 자신의 인간성부터 살펴보자. 이해타산에 젖지 않았는지, 계산적인 만남에 물들지 않았는지, 살펴보고 고칠 것은 고치자. 유유상종이란 말도 있다. 좋은 사람을 만나고 싶으면, 나부터 먼저 좋은 사람이 되어야한다.

두 번째, 내가 먼저 웃자.

매일 보는 거울 앞에 서보면 거울은 먼저 웃지 않는다. 거울은 거울 앞에 선 사람의 행동에 따른다. 내가 웃어야만 거울속의 자신도 웃는다. 거울은 나의 주인이 아니다. 인간관계도 내가 먼저 웃어야한다. 내가 먼저 관심을 갖고 공감하고 배려하는 것이 가장 중요한 인간관계로 형성된다. 함께 있으면 즐거운 사람, 함께하면 유익한 사람이 되라. 든 사람, 난사람, 된사람, 아니면 웃는 사람이라도 되라.

세 번째, 내가 먼저 베풀자.

다른 사람에게 호감을 얻고 싶으면 먼저 호감을 베풀어야 한다. 먼저 마음이든 물질이든 베풀어야 한다. 기브 앤 테이크(give and take)란 말도 있다. 조건 없이 먼저 주고, 조건 없이 더 많이 주고, 줄 때는 아무 말을 하지 마라. 그리고 되도록 빨리 모두 잊어버려라. 한번 주었으면 돌려받으려 하지 마라. 받을 것을 생각하고 주면 정 떨어진다. 인간관계에 있어서는 항상 좋은 감정을 갖고 대하도록 노력해야 한다. 저자는 급여의 10% 정도를 자기 계발과 부하들에게 사용을 하고 있다. 부하 직원들의 생일에 책을 선물하는 도서 구입비, 회사 밖에서 직원들과 식사할 때 식음료비와 같은 것이다. 또한 나를 위한 도서 구입비, 문화 활동비와 같은 것에 사용한다.

네 번째, 애경사를 잘 챙겨라.

사회생활을 하다보면 갖가지의 많은 애경사가 주변에 많이 생긴다.

사람의 마음은 간사해서 남의 애경사 보다 자신의 애경사를 먼저 챙긴다. 애경사가 생기면 진심으로 함께 기뻐하고 함께 슬퍼하라. 저자는 경사에 대부분 참석 내지 다른 방법으로 축하를 한다. 애사는 꼭 참석을 하여 슬픔을 함께 하며 위로한다. 경조사비도 상대방이 서운하지 않을 정도로 해야 한다. 경조사비 지출에 인색하지 말자.

처음 만남은 하늘이 만들어 주는 인연이고, 다음부터는 인간이 만들어가는 인연이다. 만남과 관계가 잘 조화된 사람의 인생은 아름답다. 만남에 대한 책임은 하늘에 있고, 관계에 대한 책임은 사람에게 있다. 좋은 관계는 저절로 만들어지지 않는다. 서로 노력하고 애쓰면서 좋은 관계를 맺으려고 노력해야 결과적으로 원하는 바를 이룬다. 좋은 사람을 눈에 담으면 다음엔 향기가 느껴진다. 좋은 사람을 마음에 담으면 다음엔 온기가 느껴진다. 좋은 사람을 만나면 좋은 일만 생긴다.

인맥은 영원한 인맥으로 만들어야 한다.

잘 나간다고 가까이 하고, 어렵다고 멀리 하지 마라. 한 번 맺은 인맥은 영원한 인맥으로 만들라. 100년을 넘어서 대를 잇는 인맥을 구축하라.

인생의 멋과 향기

어떤 교수의 철학 수업 시간이다.

 교수는 큰 병 안에 골프공으로 채우기 시작했다. 그리고 그는 학생들에게 물었다. "이 병 안이 꽉 차있나?" 학생들은 그렇다고 답했다. 그러자 그는 조약돌들을 안에 넣었다. 조약돌들은 골프공 사이의 공간으로 굴러 떨어졌다. 그는 학생들에게 이 병이 꽉 차있냐고 다시 물었고 학생들은 그렇다고 대답했다.

그는 그 다음에 모래를 안에 넣었다. 역시 사이의 공간으로 굴러 떨어졌고 학생들은 꽉 찼다고 대답했다. 그리고 교수는 커피 두 잔을 꺼내 커피를 안에 쏟아 부었고 병이 완전히 채워졌다. 학생들은 웃기 시작했다.

그리고 웃음이 멈추자 교수가 말했다.

"나는 자네들이 이 병이 자네들의 인생임을 알았으면 하네. 골프공은 매우 중요한 것들이야. 자네들의 가족, 믿음, 친구, 열정 말이네. 자네들 인생에서 다른 것들이 모두 사라지고 이것들만 남는다고 해도 자네들의 인생은 꽉 차 있을 거야. 조약돌은 문제가 되는 다른 것들이네. 직업, 차, 집, 이런 것들이지. 그리고 모래는 그 외 모든 것들이지. 작은 것들 말이야."

"만약 자네들이 모래를 병 안에 먼저 넣는다면 골프공이나 조약돌이 안에 들어갈 자리가 없을 거네. 인생도 이와 마찬가지네. 자네들이 시간과 힘을 그 작은 것을 채우기 위해 써버린다면 평생 자네들에게 중요한 것이 들어갈 공간이 없을 거야."

"자네들의 행복을 결정짓는 것에 집중하게. 가장 중요한 골프공을 먼저 생각하고 삶의 우선순위를 정하게. 나머지는 모두 모래일 뿐이네."

학생 한명이 손을 들고 커피가 무엇을 의미하냐며 물었다.

"좋은 질문이네. 그것은 당신의 인생이 아무리 바쁘더라도 친구와 커피 한잔 할 여유는 있다는 걸 보여주기 위함이네."

멋진 인생 수업의 한 장면을 보는 듯하다.

시니어의 오후반 인생은 멋과 향기를 내뿜는 삶이다.

첫째, 과도한 욕심을 버리는 삶이다.

사람은 누구나 높은 것을 좋아하며 꿈, 소망, 사랑, 지혜, 진실, 용기, 자유를 원한다. 그러나 그것은 쉽지 않다. 아무리 노력하고, 애태우고, 눈물 흘려도 되지 않는다. 명예를 높이고 재산을 늘리고 학문을 쌓고 지혜가 있어도, 늘 마음은 허전하고 두렵고 불안하다.

그것은 마음의 항아리를 비우지 않았기 때문이다. 마음의 항아리에 가득 찬 욕심을 버려야 한다. 욕심이 크면 근심이 많고 몸에 병이 생긴다. 병이 생기면 지혜가 둔해지고 분별력을 잃게 된다. 분별력을 잃으면 행동이 경솔해지고 재앙과 화가 온다. 재앙과 화가 오면 걱정하게 되고 마음속의 병이 더욱 깊어진다. 마음속의 병이 깊어지면 육체에 질병이 오고 사람이 상하게 된다. 비로소 자기의 잘못을 뉘우치게 된다.

욕심은 무서운 것이다. 온갖 욕심 다 버리고 물처럼 단순하고 소박하고 담담한 것들로 마음의 항아리를 채워야 한다. 그곳에는 티가 없어야 한다. 맑고 깨끗해야 한다. 정직하고 진실해야 한다. 지나가는 바람에 흔들리지 말아야 한다. 행복한 미래를 향해서 생각이 활짝 열려 있어야 한다. 그러면 파란 하늘도 담을 수 있고 흘러가는 구름도 머무르게 한다. 지혜의 꽃도 자라게 한다.

'욕심이 잉태한즉 죄를 낳고 죄가 장성한즉 사망을 낳느니라'

— 성경의 야고보서 1장 15절

아무리 욕심 내 봤자 그대로 되는 것은 아니다. 욕심이 마음속에 많이 있든지 적게 있든지 있으면 있는 것만큼 죄를 짓는다.

"욕심을 부리고 이익을 구하는 마음보다 더 심한 것은 없다."

— 『한비자』의 한비

사람은 욕심을 채우기 위해 수단 방법을 가리지 않는다. 삐뚤어진 일도 한다. 삐뚤어진 일이 차차 모이면 결국은 망하고 죽는 것으로 결론이 난다. 한 번 쯤 되새겨 볼 말이다.

둘째, 여유를 갖는 삶이다.

삶의 만족도 조사에서 한국은 꼴찌를 맴돈다. 자살률도 세계 최고다. 10대 청소년과 40대 직장인과 70대 노인의 자살률이 점점 증가한다. 인구 10만명 당 28.5명, 37분에 1명의 세계 최고의 자살률을 기록하고 있다. 빨리 빨리 한국 문화가 만들어낸 결과다. 여유가 없는 조급함의 결과다. 친구나 이웃들에게 마음의 문을 열고 고민을 해소해야 한다. 사람과 엮이고 같이 대화의 광장으로 나가야 한다. 좀 더 여유로운 마음을 갖고 즐거운 삶으로 이끌어야 한다.

홀로 우뚝 서기는 쉬워도 낮추어 굽히기는 어렵다. 뜻이 있어도 세상이 그 뜻을 받아드리지 않을 때 그 좌절 앞에서 묵묵히 자신을 다독거리며 기다려야 한다. 길고 짧은 것은 한 생각에 달려있고, 넓고 좁은 것은 한 마음에 달려있다. 마음이 한가로우면 하루가 천 년보다 더 길다. 뜻이 넓은 사람은 좁은 방도 하늘과 땅 사이만큼 넓다. 벼도 익어야 고개가 숙여진다. 물이 깊어야 고요하다. 빈 깡통이 요란하고 빈 수레가 시끄럽다. 패자는 말이 많지만, 승자는 말이 없다. 대개의 경우 말이 많은 사람은 변명으로 일관한다.

여유 있는 사람은 그것이 재주이든, 돈이든, 능력이든 내 세우지 않는다. 커다란 재주가 있는 사람은 자신의 재주를 의식조차 하지 않는다. 어리석은 사람은 자신의 조그마한 잔재주를 잘 드러낸다. 큰 재주는 가만히 있어도 그 후광이 빛을 내뿜는다. 잔재주는 소리를 질러도 남들이 알까말까 하다.

대인관계에 있어 외부적인 현상들을 보면 상대의 깊이를 안다. 인생을 살아가면서 전문분야의 진실한 사람을 만나는 것은 커다란 복이다. 오늘에 충실하고 늘 준비된 삶을 살아야 앞으로 올 많은 기회와 희망이 바람과 함께 사라지지 않는다. 이런 삶이 인생의 참된 멋과 향기를 풍긴다. 나이가 들어서 100억 원을 은행에 맡기고 있는 것보다, 지금 친구들에게 점심을 사줄 수 있는 내 주머니에 있는 10만 원이 훨씬 크고 소중하다. 몸을 누일 자리만 있다면 큰 욕심보다는 작은 것에서 여유로움을 찾는 것이 노년을 보람 있게 보내는 시니어의 향기이다.

셋째, 겸손의 삶이다.

겸손은 공손한 태도로 자기 자신을 낮추는 것이다. 무조건 자기 자신을 깎아 내리는 것이 아니다. 다른 사람을 존경하고 사랑하는 마음으로 스스로를 낮추는 것이다. 자기 자신을 존중할 줄 아는 사람만이 다른 사람도 역시 존중한다. 겸손은 스스로 자신을 높이거나 다른 사람에 의해 높임 받기보다, 자신의 부족함을 깨닫고 자신을 비우는 자세다. 겸손은 섬김 받기보다 섬기는 것이다. 이해 받기보다 먼저 이해해야 한다. 겸손은 자기중심으로 생각하고 행동하지 않는 것이다. 겸손은 다른 사람을 생각하여 관용적 태도를 가지는 것이다. 자신과 타인에 대한 존중에서 비롯되는 겸손함이 진짜 겸손함이다.

소학에 있는 겸손에 대한 고귀한 말이다.

"종신양로 불왕백보(終身讓路 不枉百步), 종신양반 부실일단 (終身讓畔 不失
一段). 평생 동안 남에게 길을 양보해도 그 손해가 백보밖에 안되고, 평
생 동안 밭두둑을 양보해도 한 단보를 잃지 않는 것이다."

고 김수환 추기경은 "대지의 겸손함을 배우라."고 했다. 자연은 인간
에게 겸손함의 미덕을 가르쳐 주는 위대한 스승이다. 우리가 발을 딛고
있는 땅은 언제나 우리 발아래에 있지만 불평하지 않는다. 터전으로 내
어 주고 온 몸을 열고 태양과 바람을 품어 우리에게 먹고 마실 양식을
제공한다. 그러면서 아무런 생색도 내지 않는다. 심지어 인간이 만들어
내는 온갖 오물과 쓰레기까지도 묵묵히 받아들인다. 물은 언제나 낮은
곳을 찾아 흘러간다. 물에서도 겸손의 미덕을 배울 수 있다.

겸손함의 반대는 교만이다. 교만이야말로 수행이 덜 된 시니어 범
부들이 빠지기 쉬운 함정이다. 교만한 사람이 부귀와 권력까지 얻게
되면 그야말로 가관이다. 지나 온 과정과 도움을 준 사람을 모두 다 잊
어버린다. 자기가 잘 나서 그렇게 된 것으로 착각하고 인위적으로 위
엄을 보이거나 권위를 내세운다. 그러다 결국은 무리수를 둔다. 교만
은 스스로 화를 부르는 행동이다. '귀신도 교만한 사람에게는 해를 주
고 겸손한 사람에게는 복을 준다.'라는 말이 있다. 내가 남보다 조금
낫다고 해서 남을 깔보는 것은 무례한 일이다. 자기를 낮추기란 쉬운
일이 아니다. 교만하지 않도록 노력할 때 겸손함에 조금 더 다가설 수
있다.

어떤 사람과 성자인 성 어거스틴의 대화이다.

"사람이 세상을 살아가는데 가장 중요한 성품이 무엇입니까?"
그때 어거스틴은 "겸손입니다."라고 대답했다.

그러자 그 사람이 또 다시 물었다.
"그럼 두 번째로 중요한 성품이 무엇입니까?"
그러자 어거스틴은 "겸손이지요."

"그럼 세 번째로 중요한 성품은 무엇입니까?"
이번에도 어거스틴은 "겸손입니다."라고 대답했다.

우리는 이 대화에서 겸손의 중요성을 배운다.

■ 시니어가 오후반 인생을 멋지고 향기 나게 사는 법

01. 움켜쥐고 있지 마라. 너무 인색한 중년은 외롭다. 재물을 잘 사용해 인생을 아름답게 장식하라.

02. 항상 밝은 생각을 가지라. 중년기의 불안과 초조는 건강을 위협한다.

03. 남에게 의존하지 말라. 의존하기 시작하면 인생은 급격히 내리막길을 걷게 된다.

04. 감정에 솔직 하라. 잘난 척, 아는 척, 있는 척하는 자는 왕따가 된다.

05. 아무 일에나 참견하지 말라. 이제는 참견보다는 후원과 격려에 치중하라.

06. 자신에 대한 동정심에서 벗어나라. 나만큼 고생한 사람, 나만큼 외로운 사람, 나만큼 노력한 사람과 같은 표현을 삼가라. 이런 말은 자신의 나약함을 노출하는 행위이다.

07. 체념할 것은 빨리 체념하라. 이제부터는 새로운 인생이 시작된다는 것을 인정하라.

08. 인생의 계획을 세워라. 이제는 인생을 관찰하는 지혜가 필요하다.

"운명을 틀을 선택할 권리는 우리에게 없다. 하지만 그 안에 무엇을 채워 넣을지는 우리에게 달려있다."

제2대 유엔 사무총장을 역임하고 노벨 평화상을 수상한 스웨덴 출신 다그 함마르셸드의 말이다.

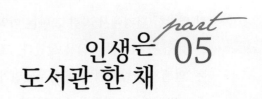

인생은
도서관 한 채

미국인이 가장 사랑하는 '토크쇼의 여왕' 오프라 윈프리의 말이다.

"남들의 호감을 얻으려 애쓰지 마라. 남에게 잘 보이는 삶이 아닌 나
자신에게 인정받는 삶을 살아라."

오프라 윈프리는 신화가 된 여자다. '오프라 윈프리 쇼' 방송 25년
동안 세계 140여 개국 1억 4000만 애청자들의 사랑을 받는 우리 시
대에 가장 영향력 있는 방송인이다. 2011년 5월 '오프라 윈프리 쇼'는
막을 내렸다. 오프라 윈프리는 유일한 아프리카계 미국인 억만장자로
2013년 기준 순자산이 3조가 넘으며 자수성가형 여자부자 7위에 랭
킹 되어 있다.

오프라 윈프리는 처음부터 위대한 오프라 윈프리가 아니다. 그녀는
어두운 과거를 가지고 있는 여자다. 인종차별주의가 극심한 미시시피
주의 가난한 흑인이었다. 그녀는 사생아로 태어났고, 6살 때까지 외가
에서 자랐다. 9살에 사촌오빠로부터 강간을 당했다. 14세가 될 때 까
지 계속되던 친척들의 학대, 14살에 출산과 함께 미혼모가 되었다. 이

런 열악한 환경에서 자란 그녀는 마약을 하고, 소녀 감호원에 출입하는 것 같은 형편없는 삶을 살았다. 그러나 오프라 윈프리의 가슴속에는 '언젠가 사람들에게 내가 무엇인가를 해낼 수 있다는 것을 꼭 보여주고 말겠다.'는 강력한 소망과 뜨거운 열정이 있었다. 그녀는 자서전에서 "강간당하고, 학대당하고, 매질당하고, 거부당하는 가운데서 살아남을 수 있는 길은 오직 하나밖에 없었어요. 임신, 생활보호 대상자, 미혼모, 살이 찌고 인기가 떨어지는 것에 대한 두려움을 이길 수 있는 길은 오직 하나밖에 없었어요. 이 말이 진부하게 들릴지도 모르지만, 저는 오직 하나님에 대한 믿음 하나로 이 모든 고난을 헤쳐 나올 수 있었어요."라고 썼다.

개천에서 용 난 케이스를 국제적으로 찾을 때 그녀의 이야기를 빼놓을 수 없다. 수많은 고난 속에 어린 시절을 보냈지만 포기하지 않고 살아온 그녀의 인생은 최고의 여성방송인 더 나아가 세계적으로 영향력을 행사하는 인물이 되었다. 세계적으로 인기가 있는 오프라 윈프리 쇼의 인기비결은 한마디로 그녀의 아픈 과거와 이에 대한 그녀의 진솔한 고백이다. 오프라 윈프리를 모르는 사람은 없다. 그녀는 미국을 움직이는 또 하나의 힘이자 막강한 브랜드다.

'기회의 나라' '평등의 나라'라고 하지만 유색인종에 대한 편견이 존재하는 미국사회에서 흑인인 그녀는 모든 악조건을 극복하고 당당하게 성공했다. 시사주간 타임은 오프라 윈프리를 '20세기의 인물'중 한 명으로 선정했다. 1998년 포춘지 선정 미국 최고 비즈니스 우먼 2위뿐 아니라, 필라델피아 인콰이어러지는 '세계 10대 여성'의 선두에

선정했다. 1997년 월스트리트저널 조사로는 미국인이 존경하는 인물 3위에 뽑히기도 했다. 오프라 윈프리의 인생 스토리가 하나의 작은 도서관이다.

위대한 업적을 남긴 사람들은 대부분 역경을 극복한 스토리가 있다. 발명왕 에디슨은 어렸을 때부터 귀머거리였다. 그러나 서른 살에 축음기를 발명했다. 『실락원』을 쓴 밀턴은 심각한 시각 장애인이었다. 시력을 모두 잃은 상태에서 5년 동안 땀 흘려 명작을 남겼다. DL.무디 목사는 초등학교 졸업이 학력의 전부였으나 세계적인 전도자로 이름을 날렸다. 신대륙을 발견한 콜럼버스는 섬유공장의 직물공이었다. 윌리엄 셰익스피어는 산에서 나무를 해다가 파는 나무꾼의 아들이었다. 그는 너무 가난해 책을 살 여유도 없었다. 젊은 시절의 셰익스피어는 런던의 극장 앞에서 말을 지켰다. 백화점의 왕 존 워너메이커는 가난한 벽돌공의 아들이었다. 어릴 적 존 워너메이커가 하던 일은 아버지의 일을 거드는 것이었지만, 아버지가 일찍 사망했다. 아버지 사망 후 존 워너메이커는 서점을 거쳐 상점의 점원이 되었다.

젊은 시절의 고난과 역경은 인생의 소중한 자산이다. 역경을 탓하고 그것에 굴복하는 사람은 평생 비극적인 삶을 산다. 역경은 불과 같다. 그것을 어떻게 사용하느냐에 따라 그 결과는 엄청난 차이가 난다. 운명은 개척하는 것이다. 자신의 삶을 책임지고, 지켜나가며, 발전시키는 것이 가장 중요하다. 이 책을 읽는 시니어도 포기하지 말고 행복한 오후반 인생을 꿈꾸며 삶을 살아가면 된다. 삶에 최선을 다하는 시니어는 아름답다.

시니어의 인생은 도서관 한 채이다.

먼저 도서관의 의미를 알아보자.

도서관은 국어사전에서 '많은 도서를 모아 보관하고 공중에게 열람시키는 시설'이라고 한다. 도서관은 자료를 정리하고 관리하며 도서관을 찾는 이용자들에게 소장하고 있는 자료에 대한 상담과 지식정보, 자료 등을 제공해 주는 곳이다. 도서관은 도서실이나 독서실과는 다르다. 도서관에는 자격증을 소지한 전문 사서가 있어야 하며, 도서관법에서 정한 일정한 규모의 시설과 자료가 확보되어 있어야 할 뿐만 아니라, 매년 《도서관법》에서 규정하는 양의 도서를 확보하는 곳이다. 참고로 도서관법은 '공공도서관에는 기본 장서 외에 연속간행물을 봉사 대상 1천인 당 1종 이상, 시청각자료를 봉사대상 1천인 당 10종 이상, 연간 증가 1종 이상을 각각 갖추고, 기타 향토자료, 전산화자료, 행정자료 등을 갖추어야 한다.'이다.

현대 사회에서 도서관이 차지하는 위상은 본래의 의미에서 크게 벗어나 있다. 좌석 수에 의해 평가되고 있는 지금의 도서관은 진정한 열람 기능을 상실한지 오래 되었다. 자료실 이용보다는 학업 공부를 위한 공간으로 인식되고 있는 것이 현재 실태이다.

이 기회에 미국의 대통령 도서관과 세계의 유서 깊은 도서관을 살펴보자.

미국의 대통령 도서관은 일반적 의미의 도서관과는 다르다. 대통령과 관련된 공·사적 문서와 행사물품, 선물과 같은 대통령에 관한 모든 것이 보관·전시·연구되는 곳이다. 규모도 엄청나다. 2004년 11월 제42대 대통령 빌 클린턴의 고향 아칸소주 리틀록에 세워진 클린턴 도서관은 전시된 사진만 200만점이며, 종이 기록은 8000만 쪽이 넘는다. 또한 색소폰과 같은 7만5000점의 전시품을 보유한 14개의 방으로 구성돼 있다. 미국은 1955년 '대통령 도서관법'을 제정, 대통령이 재직 중 생산한 문서·물품·기념품과 같은 개인 소유가 아닌 연방정부 소유로 만들었다. 그만큼 중요한 '국가의 유산'으로 보고 있다. 이후 대통령 기념관은 전직 대통령 자신이 기부금을 모아 건립한 뒤 정부에 기부하고 국립문서보관소가 관리하는 시스템이 정착되었다.

역대 대통령 도서관은 제3대 대통령 토머스 제퍼슨, 제16대 대통령 에이브람 링컨, 제31대 대통령 허버트 후버, 제32대 대통령 프랭클린 루즈벨트, 제33대 대통령 해리 트루먼, 제34대 대통령 드와이트 D. 아이젠하워, 제35대 대통령 존 F. 케네디, 제36대 대통령 린든 존슨, 제37대 대통령 리처드 닉슨, 제38대 대통령 제럴드 포드, 제39대 대통령 지미 카터, 제40대 대통령 로널드 레이건, 제42대 대통령 빌 클린턴을 포함해 13개이다.

우리나라는 연세대학교소속 '김대중 도서관'과 2016년 3월 개관 예정인 '김영삼 대통령 기념 도서관' 2개다.

세계적으로 유서 깊은 도서관이다. 세계에서 가장 많은 장서 1억 2천만 권을 보유한 세계1위 미국 의회 도서관, 세계 장서 보유량 2위를 자랑하는 하버드 대학교의 와이드너 도서관, 이집트 알렉산드리아에 있는 기원전 2~3백 년 전에 창설된 세계 최고의 알렉산드리아 도서관, 책장을 지상 10층까지 쌓아 올려 유리창을 통해 도서관 밖에서도 내부를 감상 하도록 한 프랑스의 프랑수아 미테랑 국립도서관, 셰익스피어 작품 초판본과 다양한 세계 언어로 기록한 약 1억 5000만 점의 자료, 기원전 300년의 유서 깊은 것을 포함하여 약 2500만권의 책을 소장하고 있는 영국 대영 도서관, 8세기부터 19세기 초까지 수집한 장서가 13만 권과 필사본만 2000여점 보유하고 자료의 희귀성으로 도서관 일부가 1983년 유네스코 세계문화유산에 등재된 스위스 북동부 장크트갈렌 수도원도서관, 구텐베르크 〈42행 성서〉 & 〈독립 선언문〉이 소장되어 있는 뉴욕 맨해튼에 위치한 뉴욕 공립도서관과 같은 것이 있다.

천재 화가 미켈란젤로는 피렌체의 '메디치아 라우렌치아나 도서관'을, 네덜란드 건축가 렘 콜하스는 '시애틀 공공 도서관'을, 체코 출신의 영국건축가 얀 카플리키는 '프라하 국립도서관'을 설계하는 것과 같은 유명 건축가가 만든 도서관이 세계 곳곳에 많다.

선진화된 디지털 시스템은 우리나라 도서관의 강점으로 국립중앙도서관의 '디지털도서관'은 21세기 대표적 도서관의 모델로 전 세계가 주목하는 곳이다. 국립중앙도서관은 '책 없는 도서관'이라는 취지 아래 디지털 형태의 자원만으로 도서관을 운영한다. 인쇄물은 단 한 권도 소장하지 않고, 책을 디지털화해 이용자에게 제공한다.

조선 시대 정조가 설립한 왕실 도서관 규장각이나 한국학중앙연구원 장서각은 자긍심을 가질 만하다. 일반인이 자유롭게 열람할 수 있는 도서관은 아니지만, 우리에게도 역사가 있음을 증명하는 소중한 자산이다.

2013년 한국 공공 도서관 수는 865개로, 미국은 9292개로 한국의 10.7배, 일본은 3248개로 한국의 3.7배이다. 한국은 인구 59,123명당 공공 도서관이 1개이며, 이것은 미국 대비 1.7배, 일본 대비 1.5배다. 도서관의 장서 규모도 OECD 국가 가운데 매우 낮은 수준이다.

도서관 관련 멋진 명언이다.

"모든 과거의 영혼은 책 속에 잠들어 있다. 오늘의 참다운 대학은 도서관이다."
                                                        - 영국의 평론가 토머스 칼라일

"오늘의 나를 있게 한 것은 동네 공공 도서관이다."
                                                        - 마이크로소프트 회장 빌 게이츠

"나는 공공 도서관을 뒤지다가 그곳에 보물이 잔뜩 묻혀 있는 것을 알았다."
                                                        - 영국의 소설가 버지니아 울프

오늘날 이 땅에 민주주의 정착과 한국의 국내총생산(GDP)규모 세계 13위, 세계무역 7위 달성의 주역은 바로 우리 시니어다. 반면에 한국의 시니어는 본의 아니게 많은 인생 역경의 삶을 살았다. 지난일이지만 시니어가 이 땅에 살면서 행한 역할을 살펴보는 것도 괜찮을 것 같다.

첫째, 시니어는 보릿고개를 겪고 이겨낸 장본인이다.

대부분의 이 땅의 시니어들은 한국 전쟁(6.25 전쟁)이후 태어난 세대이다. 전쟁의 참혹한 상흔과 폐허 속에 태어난 불행한 세대이다. 1960년 대한민국의 국민 1인당 소득은 연간 87달러로 케냐와 함께 세계에서 가장 가난한 나라였다. 세계 최빈국 에티오피아가 한국 전쟁 중 한국을 도왔던 사실 만 봐도 우리나라가 얼마나 가난한 나라였는지 알수 있다. 입을 것과 먹을 것이 없던 최악의 가난한 나라로 일제 강점기의 식량 수탈과 6.25 전쟁으로 인해 당시 사람들은 극심한 굶주림 속에 살아야 했다.

한국은 미국을 비롯한 세계 각국의 원조와 지원으로 하루하루를 살던 나라였다. 국민 대다수가 극심한 굶주림에 시달리며 보릿고개를 넘어야 했다. 보릿고개는 지난 해 가을에 수확한 양식이 바닥나고, 올해 농사지은 보리가 미처 여물지 않은 5~6월, 식량 사정이 매우 어려운 시기를 의미한다. 춘궁기 또는 맥령기라고도 한다. 이때는 대개 풀뿌리나 나무껍질로 끼니를 때우거나, 걸식과 빚으로 연명했으며, 유랑민이 되어 떠돌아다니기도 했다. 시니어들은 한창 성장기에 굶주림과 영향 실조, 각종 질병으로 시달림을 받던 어린 시절을 보릿고개와 함께 보냈다.

보릿고개는 1960년대까지 벼랑 끝에 걸린 한국경제의 사정을 빗댄 말이기도 하다. 지금은 시니어조차 보릿고개는 까마득한 옛날이야기로 여기고, 젊은 세대는 낱말 자체도 모른다. 우리나라의 2014년 1인당 소득은 GNI(국민총소득)기준으로 2만8831달러이다. 3만 달러 시대가 눈앞에 다가오고 있다.

"한국이 50년 만에 비약적인 경제성장을 이룰 수 있었던 것은 대부분의 개발도상국들이 수입대체 산업화를 추구했던 것과 달리 한국은 수출 지향 산업화 정책을 추진한 것이 주효했다. 특히 독재논란이 없는 것은 아니지만 강한 리더십과 유능한 관료에 기반 한 개발지향 국가 정책을 추진했던 점도 성공의 요인이었다. 일명 '그룹'으로 일컬어졌던 성공 지향적인 기업가들, 부지런한 국민들과 교육열도 큰 몫을 했다."

산업연구원(KIET) 연구위원 주동주 박사의 말이다.

둘째, 시니어는 한국 민주화의 선봉이자 산 증인이다.

대한민국은 1948년에 대한민국 정부가 수립된 이후 이승만, 박정희, 전두환 과 같은 독재를 펼치는 대통령들로 인해 민주화운동이 활발하게 진행되어 왔다. 권위주의 정부를 극복하기 위한 대표적인 민주화운동 1960년 4.19 혁명, 1969년 3선 개헌 반대 투쟁, 1970년대 반 10월 유신 투쟁, 1979년 부마민중항쟁, 1980년 5·18 광주 민주화 운동이 대표적이다. 1984년 학원자율화 이후의 전두환 정권 타도와 민주화 달성을 목표로 하는 민주화 투쟁도 있었다.

1987년 6월 항쟁은 1970년대와 1980년대에 일어난 대한민국의 민주화운동의 결과물이다. 대한민국 제13대 대통령 선거에 출마한 노태우 민주정의당 대통령 후보는 대통령의 단임제와 직접 선거제와 같은 것을 골자로 하는 민주화 방안을 발표했다. 1997년과 2007년 2차례에 걸친 수평적인 정권 교체로 실질적인 측면에서 민주화가 공고화되고 종식되었다. 오늘날 시니어가 이런 민주화 운동에 대부분 선봉으로 최루탄 가스를 마시며 목소리 높여 민주화를 외쳤다. 한국의 민주화는 이런 과정에서 세상을 달리한 분들과 후유증으로 아직까지 육체적 고통을 감내하고 있는 시니어의 공이 매우 크다.

셋째, 시니어는 한국 경제위기 극복의 역군이자 최대 피해자이다.

1948년 대한민국 정부 수립 이후 찾아온, 6.25전쟁 다음으로 컸던 국가 최대의 위기가 1997년 외환위기(일명 IMF사태)다. 문민정부에서 발생한 희대의 경제위기 사태다. 기업들의 줄도산과 실업이 대한민국 전체를 뒤덮었던 경제적 암흑기였다. 외환위기는 쉽게 말하면 외채 상환은 해야 하는데, 당장 갚을 외화는 없어서 김영삼 대통령 문민정부가 IMF에다 "돈 좀 빌려주세요. 곧 갚을게요."라고 요청한 사건이다. 1980년대 중반부터 1990년대 중반까지 즉 외환위기 사태 발생 전까지 대한민국은 단군 이래 최대 황금기를 누렸다. 잃어버린 10년을 겪던 일본을 능가할 것이라는 말이 있었을 정도로 매우 경제가 좋았다.

결국 외환보유액 부족과 여러 가지 경제문제를 조기에 해결하지 못한 것이 발목을 잡았고, 대한민국 경제에 크고 작은 악영향을 미쳤다. 당장 경제위기 이전에 눈부신 성장을 하던 대한민국은 경제위기 이후 한동안 벼랑 끝으로 추락했다. 단기간에 회복했긴 했지만, 막대한 사회적 후유증이 있었다. 자살률의 급증, 가정의 붕괴와 이혼, 가족 해체, 출산율 저하, 양극화, 고용불안, 청년실업과 같은 암울한 그림자를 남겼다. 이 문제들 하나하나가 아직도 해결하지 못한 현재진행형이다. 이렇게 한 국가의 미래를 한순간에 뒤바꿔버린 사건도 드물다. 시니어들도 생생하게 생각나는 외환위기를 극복하기 위해 동참한 1998년에는 금모으기 운동이다.

2007년 미국에서 발생한 서브프라임 모기지 사태는 미국의 초대형 모기지론 대부업체의 파산으로 시작된 미국만이 아닌 국제금융시장에 신용경색을 불러온 연쇄적인 경제위기다. 2008년 9월 세계 4위의 투자은행인 리먼브라더스가 파산보호 신청을 하였고, 업계3위였던 메릴린치가 뱅크 오브 어메리카에 매각된다는 발표로 급속히 파급된 금융위기다.

미국의 서브프라임 모기지 부실과 미국 가계소비 위축에 따른 미국 경기의 급격한 침체로 이어졌다. 한국 내 금융시장 충격과 대미수출도 축소되었다. 미국은 세계 GDP의 20%를 차지하는 매우 큰 경제시장이다. 한국경제는 1997년과 2008년 10년 사이에 'IMF 외환위기'와 '세계 금융위기'라는 큰 외부충격으로 심각한 경제위기를 겪었다. 2008년 금융위기는 1997년 외환위기 때보다 우리 경제에 미치는 영향이 크지 않았다.

시니어의 인생 역정이 오프라 윈프리 보다는 적다고 생각한다. 일부는 더 한 역정을 겪은 시니어도 있다. 한 사람이 이 세상에 태어나서 죽을 때까지 인생 역정은 엄청나다. 흔히들 '내 인생의 역경을 소설로 쓰면 몇 권이 된다.'라는 말을 한다. 특히 시니어의 인생 역정은 샌드위치 시대로 이 시대의 마지막 부모를 공경하는 세대다. 자식 세대에게 부모로서 공경을 요구할 수 없다. 저자도 이 글을 쓰면서 지나온 인생 역정이 주마등처럼 지나가고 있다. 좋은 일과 나쁜 일, 기쁜 일과 슬픈 일도 많이 있었다. 언젠가는 저자도 자서전 한 권을 쓰고자 한다. 이 책을 읽는 시니어도 자신의 인생 역정을 정리해보고 글로 남기는 것도 좋다. 세상에 태어났으니 내 이름으로 쓴 책 한 권쯤은 인생의 도서관에 남겨야 한다. 시니어 한 사람 한 사람이 고귀한 인생 도서관이다. 시니어 인생의 책을 자신의 인생 도서관에 비취 하도록 적극 추천하고 권한다.

chapter
03
———
도전
즐기기

01 링컨의 11전8패,
마침내 대통령

　　미국 16대 대통령인 에이브러햄 링컨(Abraham Lincoln)은 초등학교 교육밖에 받지 못했다. 독학으로 법률을 공부해서 27세에 변호사, 51세 때 대통령이 되었다. 그는 기억력이 뛰어났다. 책도 많이 읽었다. 별명이 '정직한 에이브'일 정도로 그의 정직성이 뛰어났다. 링컨은 때로는 중증에 가까운 반복성 우울증을 가진 환자였다. 그의 인생은 역경과 비극이 연속되었다. 고통에 직면할 때마다 자신의 뜻을 이루기 위해 노력한 사람이다. 그 결과 그는 미국 역사상 가장 위대한 대통령이 되었다. 링컨은 승리자였다. 결코 포기하지 않았다.

　　링컨의 일대기다.

1809년	미국 켄터키에서 출생(2월 12일).
1818년	어머니 사망.
1831년	사업실패.
1832년	주 의회 선거 낙선.
1833년	사업실패, 파산.
1834년	일리노이 주 하원 당선.

1836년	신경질환 발생, 변호사 개업.
1838년	주 의회 대변인 선거 낙선.
1840년	정부통령 선거위원 낙선.
1843년	미국 하원의원 선거 낙선
1846년	하원의원 선거 당선.
1848년	하원의원 재선거 낙선
1854년	상원의원 선거 낙선.
1856년	공화당 부통령 후보 지명전 낙선.
1858년	상원의원 낙선.
1860년	미국 대통령 당선(51세).
1864년	미국 대통령 재선 당선(55세).
1865년	피살 (4월 15일/56세).

※ 미국 16대 대통령 재임기간 1861년 3월 4일 ~ 1865년 4월 15일

가난한 집안에서 태어난 링컨은 많은 실패를 겪고 이겨낸 사람이다. 가난의 시련을 극복한 링컨의 말이다.

"나는 어릴 때, 가난 속에서 자랐기 때문에 온갖 고생을 참으며 살았다. 겨울이 되어도 팔꿈치가 노출되는 헌 옷을 입었고, 발가락이 나오는 헌 구두를 신었다. 그러나 소년시절의 고생은 용기와 희망과 근면을 배우는 하늘의 은총이라 생각하지 않으면 안 된다. 영웅과 위인은 모두 가난 속에 태어났다. 성실 근면하며, 자신의 일에 최선을 다한다는 정신만 있으면, 가난한 집 아이들은 반드시 큰 꿈을 이룰 수 있다. 헛되이 빈고(貧苦)를 슬퍼하고 역경을 맞아 울기만 하지 말고, 미래의 밝은 빛을 향

해 분투노력하며 성공을 쟁취하지 않으면 안 된다."

아홉 살 때 어머니의 죽음은 이후 링컨의 무의식에 잠재하여 반복적 우울증의 원인이 되었다. 현대의학에서 어린 시절의 중요한 사람의 상실은 그 사람이 자라서 이후에 앓게 되는 우울증의 주요한 원인이 된다고 한다. 우울증을 덜기 위해 링컨이 사용한 방법은 농담, 유머를 즐겼다. 농담이나 유머의 이야기 거리가 될 만한 것이라면 무엇이든 찾았다.

"이런 이야기, 농담이 없었다면 나는 이미 죽은 몸이었을 것이다. 그것들은 나의 우울하고 암울한 기분의 분출구였다."

링컨의 회고 말이다.

"내가 걷는 길은 험하고 미끄러웠다. 그래서 나는 자꾸만 미끄러져 길바닥 위에 넘어지곤 했다. 그러나 나는 곧 기운을 차리고는 내 자신에게 이렇게 말했다. 길이 약간 미끄럽긴 해도 낭떠러지는 아니야."

아브라함 링컨 상원의원 선거에서 낙선한 뒤 한 말이다.

그는 무려 열 한 번의 선거에서 여덟 번이나 패배했다. 두 번이나 사업에 실패했고, 신경쇠약증으로 고통 받았다. 링컨은 수없이 중단할수 있었으나, 그러나 그는 그렇게 하지 않았다. 그리고 중단하지 않았기 때문에 그는 미국 역사상 가장 위대한 대통령이 되었다. 링컨은 승리자였다. 결코 포기하지 않았다. 링컨은 이런 수많은 역경과 시련을 극복하기 위해 철저한 준비를 했다.

링컨의 준비성에 대한 말이다.

"나에게 여덟 시간을 주고 나무를 자르라고 한다면, 나는 도끼를 가는 데에 여섯 시간을 쓸 것이다."

여덟 시간 동안 나무를 자르기에도 시간이 부족 한데, 도끼를 가는 시간에 여섯 시간이나 쓴다는 것은 이해가 안 된다. 도끼날이 잘 서야 나무를 빨리 자를 수 있다. 무슨 일이든지 시간을 잘 활용하여 신속하고 효율적으로 준비해야 한다. 우리나라 사람들은 '빨리빨리'를 입에 달고 산다. 한 번 돌이켜 볼만한 말이다. 특히 시니어들이 맘 깊이 새겨볼 말이다.

2015년이 링컨의 서거 150주년이 되는 해다. 미국 언론이 일제히 링컨의 인생과 업적을 되돌아보는 이유가 있다. 링컨의 통합과 화합, 민주주의에 대한 열정 때문이다. AP통신은 "링컨 사망 후 150년이 지났지만, 그의 유산은 여전히 살아있다"고 했다. 뉴욕타임스는 "링컨은 공화당이었지만, 민주당 출신프랭클린 D 루스벨트 대통령이 '링컨은 우리 사람'이라고 선언할 만큼 상징적 인물"이라고 칭송했다. 그러면서 보통 사람과의 유대가 강한 그를 리더의 모델로 평가했다.

미국의 싱크탱크 브루킹스연구소가 미 정치학회 대통령·행정정치 분과 소속 회원 391명을 대상으로 최근 설문조사다. 링컨은 100점 만점에 95점을 얻어 1위였다. 2위는 조지 워싱턴, 3위가 루스벨트, 현직

오바마 대통령은 18위에 그쳤다.

미국 워싱턴DC 포드극장 리더십 교육센터가 에이브러햄 링컨 대통령 암살 150주년을 맞아 링컨 대통령에 관해서 쓴 책을 쌓아 만든 북타워가 십미터가 된다. 지난 150년간 출판된 링컨 대통령 관련 서적은 세계에 1만5000여종에 달한다. 포드극장은 링컨 대통령이 살해당한 곳으로 현재 국립 사적지로 보존되고 있다.

현재 미국 대통령인 오바마는 어느 대통령보다 링컨을 존경했다. 링컨의 정치적 고향인 일리노이주 스프링필드에서 대선 출마를 선언했다. 링컨이 사용했던 성경에 손을 얹고 취임 선서를 했다. 오바마 대통령은 "생전에 링컨 대통령이 이뤄낸 것이 너무 많다. 그를 상징했던 통합과 공존, 평화를 이 땅에 다시 부활시키자"고 했다. 서거 150년이 지났지만 아직도 링컨은 미국인과 세계인들 마음에 살아 있다.

우리 시니어도 잘나가던 직장을 하루아침에 잃었다. 잘되던 자영업도 본의 아니게 경제적인 환경에 따라 접어야 하는 처지가 되었다. 또한 그렇게 튼튼하다고 자랑하던 몸도 세월 앞에는 장사가 없듯이 여기저기 아픈 곳이 많다. 그렇다고 이 자리에 그냥 주저앉을 수는 없지 않은가? 다소 어패는 있다고 하지만, 시니어는 링컨만큼 역경과 시련을 당하지는 않았다. 링컨은 결코 포기하지 않았다. 역경과 시련이 닥쳐올 때마다 오뚝이처럼 일어났다.

불굴의 투지로 도전하는 링컨의 말이다.

"나는 찬스가 올 것에 대비하여 배우고, 언제나 닥칠 일에 착수할 수 있는 태도를 갖추고 있다. 사람이 얼마나 행복하게 될 것인지는 자기의 결심에 달려 있다. 어떤 일을 할 수 있고, 해야 한다고 생각하면, 길이 열리게 마련이다. 일이란 기다리는 사람에게 갈 수도 있으나, 끊임없이 찾아 나서는 자만이 획득 한다."

"리더는 사람들이 비전을 이해 할 수 있도록 해야 할 뿐만 아니라 비전으로 살고 비전으로 숨 쉬게 해야 한다."

"리더의 긍정적 에너지와 낙관적 생각이 전 직원의 피부 속 까지 침투하도록 해야 한다."

"리더는 정직함과 투명함, 신용을 통해 신뢰를 쌓아야 한다."

"리더는 인기 없는 결정을 내리는 용기와 배짱이 두둑한 결단력이 있어야 한다."

"리더는 위험을 감수하고 그것을 통해 배우는데 모범이 되어야 한다."

미국 제너럴 일렉트릭(GE) 전 회장 잭 웰치(Jack Welch)의 말이다.

시니어는 인생을 마감하는 세대가 아니다. 경험과 노하우를 겸비한 세대다. 이제부터 오후반 인생을 열어가는 세대다.

어깨를 활짝 펴고 당당해져야 하지 않겠나?

시니어는 가정, 사회, 또는 회사에서도 리더다. 20세기 최고의 경영자, 위대한 영웅, 세계 최고의 비즈니스 리더, 한 세기를 대표하는 관리자, 리더십의 대표자 잭 웰치를 통해 리더십과 열정을 배우고, 시니어의 것으로 만들자.

GE 전 회장 잭 웰치는 저자가 지이헬스케어 코리아(GE Healthcare Korea) 근무 시절에 모셨던 분이다. 한국 방문 시 바쁜 업무 중에도 간부들 초청 만찬 때 몇 번 참석한 적이 있다.

제너럴 일렉트릭(General Electric)은 1878년 발명왕 토머스 A. 에디슨이 설립한 회사로 137년 역사를 가지고 있다. 잭 웰치는 1981년 사상 최연소 CEO에 임명되었다. 취임 당시 GE의 경영 상태는 매우 양호했다.

잭 웰치는 솔직함과 속도, 단순함과 자신감으로 대표되는 특유의 리더십을 바탕으로 시장의 변화를 예견하고 발 빠르게 개혁을 단행했다. '고쳐라, 매각하라, 아니면 폐쇄하라'는 모토로 세계 시장 1위 혹은 2위가 될 수 없는 사업을 모두 폐쇄하거나 매각했다. 이 과정에서 170개에 이르는 사업부 중 110개가 정리되었고 10만 명 이상의 직원을 정리하여 '중성자탄 잭'이라는 별명을 얻었다.

CEO로 재직한 20년 동안 1700여 건에 달하는 기업 인수합병을 했다. 엄격한 품질관리 시스템인 식스시그마, 워크아웃, 변화 가속화 운동, 벽 없는 조직, 세계화, e비즈니스와 같은 혁신 경영기법을 창안하거나 도입해 성공적으로 운영했다. 매출은 27조 원에서 140조 원으로 다섯 배 성장했고, 시가 총액은 13조 원에서 500조 원으로 서른여덟

배 증가했다. 잭 웰치는 GE를 떠나며 받은 퇴직금 4500억 원은 세계 기업 역사상 가장 큰 규모다. 그가 이룬 업적이 얼마나 대단한 것인가에 대한 증거다.

잭 웰치는 2000년 미국 경제전문지 [포춘]이 선정한 '지난 100년간 최고의 경영자 1위'에 올랐다. 2001년 영국 [파이낸셜 타임스]가 선정한 '세계에서 가장 존경받는 경영인'에 뽑혔다. 2005년 [파이낸셜 타임스]에서 선정한 '가장 영향력 있는 비즈니스 대가'에도 이름을 올렸다.

한국 기업에도 관심이 많아 여러 차례 한국을 방문했다. 삼성, LG, 현대와 합작 또는 파트너 비즈니스를 했다. 특히 고인이 된 현대그룹 정주영 회장과 합작법인설립 협상 과정에서 팔씨름을 한 일화는 유명하다.

'경영의 신'이라는 타이틀의 잭 웰치의 리더십은 4E와 1P다.

1. 적극적인 에너지(Energy)
일을 적극적으로 추진하고 변화를 즐기는가?

조직의 출발점은 리더다. 모든 조직 혁신과 성장의 원천은 리더에게서 나온다. 리더는 뜨거운 열정과 에너지의 소유자다. 열정과 에너지는 공짜로 오는 것이 아니다. 에너지를 잠식하는 해로운 활동들을 과감하게 제거해야 한다. 리더는 에너지를 잠식하고 있는 비생산적 활동을 과감하게 포기해야 한다. 포기를 위해서는 제로베이스에서 생각해야 한다. 잭 웰치가 가장 강조하는 부분이다.

2. 활력을 불어 넣는 격려(Energyzer)

불가능한 것을 할 수 있도록 격려하는가?

리더는 에너지를 발휘하지만 구성원을 주눅 들게 한다. 리더가 너무 독주하면 구성원은 수수 방관자가 되고 수동적으로 시키는 일만 한다. 부하는 리더가 계획만 남발하면 갈피를 못 잡고 방황하게 된다. 리더는 부하에게 제시한 계획에 대한 정확한 목적과 방향을 제시해야 한다. 목표 달성을 위하여 팀원에게 활력을 주는 능력이 격려이다.

웰치는 재임기간 20년 동안 세계화, 워크아웃, 서비스화, 6시그마, 디지털화 다섯 가지의 아이템을 추진했다. 그는 워크아웃(work-out)이라는 의사결정회의를 통해 부하들의 의사를 직접 듣고 실제 조직 변화로 이어지도록 했다. 또한 웰치는 쉬운 목표인 8을 시도해서 그것을 100% 달성하는 것보다 어려운 목표 12를 시도해 10을 달성하는 것이 더 낫다고 했다. 예전에 가능하다고 생각한 것 이상을 달성할 때 사람은 자신감과 자존심을 높일 수 있다. 이것이 유명한 GE의 '스트레치 골(stretch goal)'이다.

3. 결단력(Edge)

어려울 때 '예스'나 '노'라고 답할 용기가 있는가?

훌륭한 리더는 모든 사람이 기피하는 일, 그러나 꼭 해야만 하는 일은 해야 한다. 힘든 결정을 내리고 구성원이 현실을 있는 그대로 보게 하는 것이 리더의 힘이자 결단력이다. 결단력은 역설적 상황에서 이를 회피하지 말고 정면으로 도전하여 결단을 내리는 힘이다.

경영이란 한 마디로 역설적인 상황의 관리이다, GE는 섹션 C라는 '활력 곡선'을 통해 모든 간부에게 부하 중 하위 10%를 매년 해고하도록 강요한다. 업적평가 하위 10%에 대해서 해당자에게 GE는 성장 기회를 주지 못하며, 해당자 역시 GE에 기여하지 못한다는 것이다. 리더가 현실을 외면하고 문제를 키워서 전직도 불가능한 중·고령 근로자가 된 후에 구성원을 해고하는 것은 더욱 무책임한 것이다. 리더가 부하들에게 '잘못된 친절(false kindness)'를 베풀어서는 안 된다는 것이다. 저자역시 매년 업적평가 하위자 10%를 해고와 전직을 알선한 경험을 했다.

4. 실행(Execute)
온갖 장애를 뚫고 결정을 실행에 옮겨 성과를 낼 수 있는가?

뛰어난 전략이라도 성과로 연결되기 위해서는 실행이라는 과정이 필요하다. 뛰어난 전략도 실행에 옮겨지는 과정에서 예기치 못한 장애물, 상황과 같은 것에 봉착하는 경우가 많다. 이때 리더는 강력한 의지를 가지고 끈질기게 목표를 달성하려는 책임감을 갖고 상황변경에 따른 전략을 세워야 한다. 또한 리더는 실제로 전략이 목표한 대로 실현되고 있는지 구성원과 지속적으로 대화를 나눠야 한다. 이러한 대화를 통해 전략을 진단하고 올바르게 방향대로 가고 있는지 점검을 한다. 그 결과 목표를 초과달성 한다. 구성원과 진솔한 대화 없이 뛰어난 업적으로 구체화되지 않는다. GE에서는 자타가 인정하는 뛰어난 업적 달성 없이는 인정받기가 어렵다. 여기에서 실행은 '리더의 진솔한 대화'이다.

5. 열정(Passion)

일을 맡았을 때 흥분되는가?

열정은 어떤 일에 열렬한 애정을 가지고 열중하는 마음이다. 열정은 어떤 대상에 대해 지속적인 관심과 전문성을 추구하는 것이다. 열정은 인내와 꾸준함과 함께 할 때 효과가 나타난다. 열정에는 아픔이 따른다. 그 아픔은 미래의 꿈을 위해 눈앞에 보이는 달콤함을 포기하는 것이다. 시니어는 열정이 이끄는 삶을 살아야 한다. 열정은 세상의 잣대가 아니라 자신의 가치에 따라 세상을 살아가게 한다.

미국의 가수, 기타리스트 커트 코베인의 말이다.

"열정 없이 사느니 차라리 죽는 게 낫다."

잭 웰치는 '능력의 차이를 차별화'(Differentiation)라고 불렀다. GE는 인재를 잘 평가하고 최고의 비즈니스 리더를 발굴하는 방법을 찾기 위해 노력했다. 그 결과 '섹션 C 활력 곡선'(vitality curve)이라는 도구를 개발했다. GE의 모든 직원을 'A등급'(상위 20%), 'B등급'(중위 70%), 'C등급'(하위 10%) 세 등급으로 업적평가를 통해 능력의 차이를 분류한다. 잭 웰치는 "A 등급의 사람들은 열정이 넘치고 현명하며, 능동적으로 일을 처리한다. 개방적인 아이디어로 잠재력도 갖고 있으며, 즐겁게 생산적으로 업무를 처리하는 능력을 갖고 있다. A 등급 직원을 잃는 것은 죄악이다."고 했다. 열정은 이만큼 중요하다. 저자 역시 GE Healthcare Korea 임원으로서 섹션 C를 통해 평가를 받았고, 또한 부하 직원들을 평가 했다.

시니어는 인생의 대부분을 일을 하며 보낸다. 그런 삶의 현장에서 안일하고 경직된 사고로 살아가지 않나 한번쯤은 되돌아보며 질문을 해보는 것도 좋다.

나는 누구를 위해 일을 하는가?
나는 무엇을 위해 일을 하는가?
나의 직업은 내 인생에 어떤 의미가 있는가?

좌절 없이 자신의 삶에 기쁨을 갖고, 열정을 불어 넣는 일, 구체적인 비전을 갖고 더불어 살아가는 법을 배우고, 자신이 속한 조직에 이득을 가져다주는 것이 시니어 삶의 목표가 되어야 한다.

저자는 GE에서 배우고 체험한 리더십 4E + 1P를 현재까지 실천하고 있다. 일하는 현장에만 적용하는 하는 것이 아니라 삶의 현장에도 적용하고 있다.

다시 한 번 강조한다.
시니어는 가정, 사회, 또는 회사에서도 리더이다.

저자가 직장 상사로 모셨던 이채욱 부회장(현. CJ 대표이사)의 말이다.

"나의 열정이 나의 운명을 결정한다."

있잖아, 불행하다고
한숨짓지 마

햇살과 산들바람은
한 쪽 편만 들지 않아

꿈은
평등하게 꿀 수 있는 거야

나도 괴로운 일
많았지만
살아 있어 좋았어

너도 약해지지 마

일본 100세 여류 시인 시바타 도요 할머니의 대표작 『약해지지 마』
다. 할머니 시를 읽다보면 곁에서 할머니가 나긋한 목소리로 "괜찮다"
다독여 주시는 것 같아 마음이 사르르 녹는 위로를 받는다.

시바타 도요 할머니는 90세가 넘어 아들의 권유로 시 창작에 도전했다. 99세에 신문 등에 기고했던 시를 모아 일본에서 158만부 판매고를 기록했다. 할머니는 시집 『약해지지 마』를 자신의 장례비용으로 모아둔 100만 엔을 털어 출간했다. 할머니는 2권의 시집을 남기시고 2013년 102세에 하늘나라로 가셨다.

시바타 도요 할머니는 우리에게 "약해지지 마, 100세 나이는 숫자에 불과하다"라는 것을 일깨워주었다.

시니어, 당신은 부끄럽지 않은가? 100세 할머니도 시집 두 권의 유작과 시바타 도요라는 이름을 세상에 남겼다. 시니어도 이 세상에 태어나 자신의 이름 석 자는 남겨야 하지 않나? 시니어의 삶이 도서관 한 채 아니면 반 채는 된다고 생각한다.

자신의 브랜드파워를 높여보자!
자신만의 분야를 선점하라!
하나의 통합된 이미지를 구축하라!

브랜드가 된다는 것은 자기 스스로가 아니라 다른 사람이 인정해 주는 것이다. 백날 자기만 인정하고 만족하는 것은 브랜드가 아니며 자가당착이나 자만이다. 벤츠, 도요타, 코카콜라, 맥도날드, 스타벅스, 애플, 삼성전자, 한류와 같은 것은 산업 문화의 브랜드다. 이제는 사람의 캐릭터에 대해서도 브랜드를 생각해 보는 시대다. 대표적인 퍼스널 브랜드는 애플 창업자이자 고인이 된 스티브잡스다.

사람, 즉 퍼스널이 브랜드가 된다는 것은 기존 다른 브랜드인 제품이나 서비스와는 다른 점이 있다. 사람은 생명체이기 때문에 다른 사람과의 관계나 건강, 심경의 변화와 같은 것에 민감하여 브랜드화가 어렵다. 퍼스널 브랜드라는 것은 자신을 돌아보면서 유년기, 청년기, 장년기를 거치는 생물학적 변화와 생명의 순리에 따라 자기다움을 유지시키는 것이다. 시간이 흐를수록 퍼스널브랜드의 중요성이 부각되고 관심도 역시 높아지고 있다. 많은 사람들이 브랜딩에 관심은 많지만 정작 성공하는 브랜드가 많지 않다. 비즈니스에서 뿐 아니라 개인 브랜드 역시 복잡한 과정을 통해 형성된다. 어떠한 형식의 브랜드이든 짧은 순간에 브랜드가 형성되지 않는다. 오랜 기간을 거쳐 확립되는 만큼 성공한 브랜드를 만들기란 결코 쉬운 일이 아니다. 이건희 회장, 안철수 국회의원, 박찬호 선수, 김연아 선수와 같은 사람이 한국의 대표적인 퍼스널브랜드다. 이들은 지속적인 학습과 자기 계발을 위해 뜨거운 열정을 가졌다. 또한 다른 사람을 배려할 줄 아는 윤리와 도덕성을 바탕으로 사회에 공헌하고자 부단한 노력이 있었기에 브랜드 유지가 가능했다.

시니어, 퍼스널브랜드 파워를 키우자.

첫 번째, 컴퓨터 활용에 능숙 하라.

저가가 2011년 노사발전재단 서울 중장년일자리희망센터에서 시니어 120여명을 대상으로 중·장년 취업관련 강의를 했다. 참석자들에게 몇 가지 질문을 했다. 인터넷과 스마트폰 사용하는 여부에 60여명,

컴퓨터를 활용 문서 작성 여부 20여명, 파워포인트 작성 여부 2명이 응답했다. 저자는 욕을 먹을 각오로 강한 어조로 "강의에 참석한 여러분 중에 재취업 가능한 분은 단 2명뿐이다." 라고 말했다. 재취업 관련 정보 파악도 중요하지만 우선 자신의 브랜드파워를 키워야 한다고 했다. 강의 하던 날, 오늘부터 모든 일 다 제쳐두고 컴퓨터 활용에 5~6개월 투자하라. 그리고 일주일에 2권의 책을 읽으라고 강조했다.

두 번째, 전문가 자격증을 따라.

세상에는 자격증이 많다. 자격증은 일정한 신분이나 지위를 가지거나 일정한 일을 하는 데 필요한 조건이나 능력이다. 자격증은 일정한 자격을 인정하여 주는 증서다. 자격증은 국가에서 발급하는 것과 민간에서 발급하는 두 종류가 있다. 국가에서 인정하는 자격으로는 국가기술자격, 국가전문자격이 있다. 민간에서 발급하는 민간자격증은 약 1만여 종으로 사회적으로 인정받지 못하는 자격증이 많다. 한국인 34만 5천명이 자격증을 취득한 공인중개사가 대표적인 자격증다.

시니어의 은퇴가 본격적으로 시작되면서 은퇴 후의 삶에 관한 관심이 높아진다. 가정의 생계유지를 위해 퇴직금을 투자하여 창업에 도전하는 사람들도 있다. 자신의 기술로 더욱 안정적인 노후를 설계하기 위해 자격증 시험에 도전하는 시니어가 점점 늘고 있다. 오후반 인생을 행복하게 만들어주는 자격증! 그렇다고 무작정 도전하는 것은 금물이다. 자신의 적성과 특기를 살려 도전할 만 한 자격증이 있다.

시니어 남성들에게 추천하는 대표적인 유망 자격증은 조경수 조성관리사, 정보 시스템 감리사, 경영 지도사, 문화관광해설사, 숲 해설가와 같은 것이다.

시니어 여성들에게 추천하는 대표적인 유망 자격증은 한식 조리 기능사, 베이비 시터, POP(손글씨) 디자이너, 문화관광해설사, 숲 해설가와 같은 것이다.

세 번째, 책 읽기다.

> 평생 독서를 하는 사람들은 날마다 자신을 반성하고, 묵상하고, 사색하기 때문에 어제보다는 오늘, 오늘보다는 내일 더 나은 인생을 살게 되고, 1년 후가 다르고, 3년 후가 다르고, 5년 후가 다르게 되는 것이다. 평생 독서를 하는 사람들은 자신을 날마다 뛰어넘어 성장한다. 독서는 인생에 대한 예의이다.

김병완 작가의 저서 〈초의식 독서법〉 내용이다.

독서는 시니어에게 필요한 육체의 근력에 지식과 정보, 창조적 사고력을 바탕으로 생각 근력을 더하는 매개체이다.

조선최고의 문장가 연암 박지원 선생은 "선비가 독서를 하면, 그 은택이 천하에 미치고 그 공덕이 만세에까지 전해진다." 고 하였다.

시니어가 독서를 하면 삶의 질과 행복지수가 높아진다.

저자는 부끄럽지만 1700여권 책을 읽었다. 얼마 전까지 책 한권 독서 하는데 3시간 정도 소요되었다. 지금은 독서방법 터득으로 책 한권 독서를 1시간 이내로 줄었다. 독서 시간이 3분의 1로 단축되었다. 이제는 하루에 자투리 시간을 활용하여 두 세권 독서를 하고 있다.

시니어, 하루에 1시간 독서를 하자.

보통 사람이 하루에 1시간씩만 꾸준히 읽으면 일주일에 2권, 한 달이면 8~10권, 1년이면 100권 이상의 독서를 한다. 10년이면 최소 1000권 이상 독서량이 된다. 오후반 인생을 여는 시니어에게 꾸준한 공부와 독서만이 살길이다.

네 번째, 책 쓰기다.

> "당신을 위대하게 만들어 주는 것은 돈이 아니라 당신의 꿈이며, 간절함에서 나오는 당신의 의지다. 당신이 직접 쓴 한 권의 책은 당신의 삶을 새롭게 인도해 준다. 더 이상 시간을 낭비하지 마라. 당신에게 주어진 인생 앞에서 당신이 오늘 할 수 있는 그 무엇을 위해 행동하라."

조영석 작가의 〈이젠, 책 쓰기다〉 내용이다.

책 쓰기는 최고의 자기계발이다. 책 쓰기는 새로운 오후반 인생의 기회가 된다. 책 쓰기는 시니어 자신을 브랜딩 한다. 김병완의 〈나는 도서관에서 기적을 만났다〉, 안철수의 〈영혼이 있는 승부〉, 구본형의 〈익숙한 것과의 결별〉, 한비야의 〈바람의 딸, 걸어서 지구 세바퀴 반〉이 대표적으로 자신을 브랜딩 한 책이다. 이들은 모두 책을 통해 자신과 자신의 이름을 세상에 알렸다.

세상에서 가장 아름다운 경치는 글로 쓴 경치다. 그 다음이 그림으로 보는 경치, 마지막이 직접 보는 경치라고 한다.

책은 특정한 사람이 쓰는 것이 아니다. 누구든지 자신의 관심 분야에서 책을 낼 수 있다. 책을 쓴다는 것은 창조적인 행위이다. 책 쓰기는 행동이고 공부다. 남의 책만 읽는 것은 바보다. 호랑이도 죽으면 가죽을 남긴다. 시니어의 인생 역정은 도서관 한 채와 같다. 자신의 인생을 다룬 자서전도 좋다. 시니어도 이 세상에 자기 이름으로 출간한 책 한권쯤은 남기도록 하자.

미국의 소설작가 레이 더글러스 브래드버리 말이다.

"매일 글을 써라. 강렬하게 독서해라. 그리고 나서 무슨 일이 일어나는 지 한번 보자."

part
04 매년 100권 이상
책을 읽어라

남아수독오거서(男兒須讀五車書).
남자는 모름지기 다섯 수레 분량의 책은 읽어야 한다.

당나라 시인 두보의 시 제백학사모옥(題柏學士茅屋)의 일부분으로 독서의 중요성을 강조한 말이다.

스마트폰 시대에 접어든 오늘날 이 말은 얼핏 고루한 말이 될 수도 있다. 세계 1위의 부자 마이크로소프트 창업자 빌 게이츠가 말하는 성공의 비결 중에 중요한 하나는 바로 독서다. 하버드 법대를 중퇴하고 디지털 시대의 선도자가 된 그가 한 유명한 말을 소개한다. "컴퓨터가 책을 대체할 수 없다. 오늘날의 나를 있게 한 것은 우리 동네 도서관이었다. 하버드대학 졸업장보다 소중한 것이 독서하는 습관이다." 그는 어린 시절 백과사전까지 두루 읽어보지 않는 책이 없었다. 지금도 손에서 책을 놓지 않는 독서광 빌 게이츠를 보면서 동서고금을 막론하고 변하지 않는 독서의 중요성을 새삼 느껴 본다.

안중근 의사의 독서에 대한 일화다. 1910년 3월26일 오전 사형집

행이 있기 전 그의 마지막 소원은 읽던 책을 마저 읽게 해달라는 것이다. 그리고 5분 동안 책을 다 읽고 어머니가 지어준 수의를 입고 고맙다는 말과 함께 세상을 떠났다고 한다.

안중근 의사의 말이다.

"일일불독서 구중생형극(一日不讀書 口中生荊棘). 하루라도 책을 읽지 않으면 입안에 가시가 생긴다."

한국은 세계 최하 수준의 독서 후진국이다.

2013년 문화체육관광부 실태조사에 따르면 우리 국민은 한 해 9.2권, 한 달 평균 0.76권 독서를 한다. 미국은 년 79권, 프랑스는 년 71권, 일본은 년 73권이다. 중국도 년 31권이다. OECD국가 중 최하위다. 또한 유엔(UN)의 조사에 의하면, 우리 한국은 전체 192개국 중 166위다. 한국인들은 왜 이렇게 책을 읽지 않는 민족으로 변했을까? 그것은 책 읽는 것이 재미없고 힘들기 때문이다. 또한 즐겁고 신 나는 독서 방법을 못 배웠기 때문이다. 또한 주입식 위주의 학교 교육의 결과이다.

우리 선조들은 세계 최고 수준의 독서 고수들이었다.

다산 정약용 선생은 18년 유배 생활 동안 500여 권의 책을 집필했다. 이는 그가 엄청난 독서 고수라는 사실이다. 정약용 선생의 '과골삼천(踝骨三穿)'은 복사뼈가 세 번이나 구멍이 날 정도로 엄청난 독서와 집필을 했다는 뜻이다.

19세기 조선의 대표적인 실학자 혜강 최한기(1803~1877년)선생은 대단한 부자였다. 하지만 책을 구입하고 읽는데 가산을 다 탕진한 분이다. 그의 집에 가면 대문과 마당과 서재에 줄이 그어져 있었다고 한다. 그 줄 옆에는 1천 권, 5천 권, 1만 권이라는 글씨가 적혀 있었다. 방문객에게 읽은 책의 권수에 따라 그 선을 넘어 오라는 뜻이다. 혜강 선생의 지은 책이 무려 1천여 권이나 된다고 하는 것으로 그의 독서량을 갈음해 볼 수 있다. 현재 남아있는 책은 20여종 120여권이다.

방랑시인 김시습은 경주 금오산 산방에서 차를 벗 삼아 10만 권의 독서를 했다. 그는 우리나라 최초의 한문소설《금오신화》를 썼다.

조선시대에 김득신이란 분이 있다. 그는 머리가 아둔하지만 평생 독서를 통해 수재로 탈바꿈한 위대한 독서 대가다. 그는 사마천의《사기》에 나오는 '백이전'의 경우 무려 1억 1만 3천 번을 읽었다고 한다. 김득신은 도전하고 또 도전해 환갑을 바라보는 59세에 과거에 합격했다. 바로 인간승리란 이를 두고 하는 말이다. 김득신의 서재 이름이 '억만재(億萬齋)'인 것도 이런 그의 독서 열정으로부터 생겨난 말이다.

조선 정조임금 시대 실학자 이덕무란 분이 있다. 그는 오직 책 읽는 일만 즐겼다. 독서에 몰두하면 추위나 더위도 아랑곳없이 배가 고픈지도 모른 채 책만 읽었다. 기이한 책을 보면 좋아서 날뛰고 책 속에서 심오한 뜻을 깨치기라도 하면 기뻐서 이리저리 왔다 갔다 하며 갈가마귀처럼 우짖고 때로는 꿈꾸는 사람처럼 혼자 웅얼거리기도 했다. 이에 사람들이 그를 가리켜 '책에 미친 바보'라고 불렀다. 이덕무가 평생 읽은 책은 2만권이 넘었고 손수 베낀 책이 수백 권이 된다. 이덕무는 학식만 뛰어난 것이 아니라 인격도 고결하여 주위로부터 칭송이 자자했다. 친한 벗이면서 실학연구의 동지인 연암 박지원은 이덕무가 먼저 세상을 떠난 후 이렇게 한탄의 글을 남겼다.

> "이덕무는 비록 가난한 선비였지만, 높은 덕을 지녀 주위의 모든 사람으로부터 칭송이 자자했다. 그의 깨끗한 행동, 분명하고 투철한 지식, 익숙하고 해박한 견문 그리고 온순하고 단아하며 소탈하고 시원스러운 용모와 말씨를 다시 볼 수 없어서 그것을 애석하게 생각할 뿐이다. 그 친구가 저세상으로 떠난 뒤 나는 이리저리 방황하고 울먹이면서 혹시라도 이덕무 같은 사람을 만날 수 있을까 했지만 찾을 수가 없구나!"

조선 시대 세종대왕은 책 없이 살 수 없었던 분이다. 책을 통해 위대한 왕으로 도약했다. 세종대왕은 더 큰 세상을 만들고 스스로 더 나은 존재가 되기 위해 독서를 했다. 진정으로 평생 독서를 실천한 왕이다. 왕의 위치는 부와 명예는 물론 세상의 모든 것을 가진 자리다. 그는 왕이지만 독서를 멈추지 않았다. 심지어 눈병이 날 정도로 독서에 집중했다. 식사 때도 양 쪽에 책을 펴놓고 할 정도였다고 한다.

시니어, 왜 평생 독서를 해야 하는가?

평생 독서는 자신과 세상에 대한 경이이며, 놀라움이며, 기적이다. 또한 자신과 세상에 대한 최고의 탐험이며, 성찰이며, 배움이며, 기쁨이며, 환희다. 독서를 한다는 것은 인간만이 가지고 있고, 누릴 수 있는 고유한 특권이자 기회다. 이런 엄청난 특권과 기회를 바쁘다는 핑계로 헌신짝 버리듯 포기하며 살아가는 시니어가 되지 말자.

고대 그리스 철학자 소크라테스의 다독에 대한 말이다.

"남이 쓴 책을 많이 읽어라. 남이 고생하여 얻은 지식을 쉽게 내 것으로 만들고 그것으로 자기 발전을 이룰 수 있다."

사르트르는 "많은 것을 바꾸고 싶다면 많은 것을 받아 들여라."고 다독의 중요성을 강조했다.

독서를 통해 더 큰 세상을 볼 수 있고 창조의 세계로 나가고 있는 사람이 있다.

나폴레옹은 52년 짧은 생애 동안, 그것도 평생 전장에 있는 특별한 삶 가운데서도 8천 권의 책을 읽었다. 전투에 나갈 때마다 이동도서관을 만들어 운영하기도 했다. 독서를 통해 전쟁 승리의 전략을 세우곤 했다.

소프트뱅크의 손정의 회장은 병원에 입원해서 투병 중에 4천 권의 책을 독파했다. 그는 책을 통해 미래로 나아가는 빛을 보았다. 그 결과 300년 앞을 내다보는 훌륭한 경영자가 될 수 있었다.

《독서와 이노베이션》의 저자 정을병은 한국을 대표하는 소설가로 평생 3만권 이상 독서와 40년간 최다집필 68권의 책을 썼다. 그는 "

독서란 이런 것이다. 자기에 맞는 책을 읽으면 그만이다. 꼭 읽어야 할 책이라는 것은 없다"라고 자신의 수준에 맞게 책을 읽으면 된다고 강조한다.

《사람의 아들》《삼국지》의 저자 이문열도 3년 동안 1000권의 책을 읽고 작가가 되었다. 그는 "1000권의 책을 읽으면 인생이 바뀐다."라고 했다.

시골의사로 유명한 베스트셀러 작가인 의사 박경철도 1만권 이상의 책을 읽었다. 매년 500권 정도의 책을 읽는 독서광이다.

독서는 시니어에게 필요한 육체의 근력에 지식과 정보, 창조적 사고력을 바탕으로 한 생각 근력을 더하는 매개체이다.

시니어, 하루에 1시간 독서를 하자.

보통 사람이 하루에 1시간씩만 꾸준히 읽으면 일주일에 2권, 한 달이면 8~10권, 1년이면 100권 이상의 독서를 한다. 10년이면 최소 1000권 이상 독서량이 된다. 오후반 인생을 여는 시니어에게 꾸준한 공부와 독서만이 살길이다.

10년 동안 1000권의 독서를 3년에 독파하는 방법이 있다.

《48분의 기적》의 독서법을 개발한 김병완 작가의 독서 노하우이다. 하루에 48분 (평균 수명 90세를 하루 24시간, 90년 중 3년을 하루 48분으로 산출 즉 3

년/90년 x 24시간 x 60분=48분)을 투자하면 3년에 1000권의 독서가 가능하고 1000권을 읽어야 인생의 혁명이 온다고 강조를 한다.

저자는 부끄럽지만 1700여권 책을 읽었다. 얼마 전까지 책 한권 독서 하는데 3시간 정도 소요되었다. 지금은 독서방법 터득으로 책 한권 독서를 1시간 이내로 줄었다. 독서 시간이 3분의 1로 단축되었다. 이제는 하루에 자투리 시간을 활용하여 두 세권 독서를 하고 있다.

시니어, 두루 많이 책을 읽어야 한다.

우리는 읽은 만큼, 아는 만큼, 생각한 만큼 세상을 보고 세계를 이해한다. 평생 독서는 삶을 좀 더 길게 넓게 보게 해 준다. 눈앞의 이익에만 목을 매는 인생이 아닌 좀 더 인간답게 살게 해 주고 풍요롭게 살수 있게 도와준다.

"책을 펼치기만 해도 유익하다. 그렇기 때문에 나는 멈출 수가 없다. 조금도 피곤하지 않다."
— 송나라 태종의 개권유익(開卷有益)

책을 펼쳐서 읽기만 해도 그 나름대로 큰 유익함이 있다는 뜻이다.

"책 한 권 읽은 사람은 책 두 권 읽은 사람의 지배를 받게 된다." - 링컨

퍼스널 브랜딩은
책 쓰기다

1920년 뉴욕의 거리에서 실제 있었던 일화다. 앞을 보지 못하는 맹인이 뉴욕의 거리에서 목에는 '나는 맹인입니다.'란 푯말을 목에 걸고서 구걸을 하고 있었다. 하지만 아무도 그 맹인에게 적선을 하지 않았다. 어떤 사람이 맹인의 목에 걸고 있던 푯말에 글을 바꾸어 놓고 그 자리를 떠났다. 그 후 맹인은 이상한 것을 느꼈다. "이거 이상한데? 지금까지는 누구 한 사람도 나에게 돈을 주지 않았는데, 그 남자가 오고간 다음부터는 갑자기 적선해주는 사람들이 많아졌어." 맹인의 적선함에는 순식간에 동전이 넘치고 사람들마다 그에게 동정의 말을 해주는 것이었다. "아까 그 남자가 행운을 주고 간 것일까? 그 남자는 마법사일까?"라고 맹인은 혼자말로 중얼거렸다. 사실 그 남자는 푯말에 이런 말로 바꾸어 적어 놓았다. "바야흐로 봄은 오고 있습니다. 그러나 나는 볼 수가 없습니다." 그 푯말을 바꾸어 놓고 간 사람은 앙드레 브르통이라는 프랑스 시인이었다.

이것이 바로 글쓰기의 마법이며 글의 힘이다. 맹인은 결과적으로 누군가의 글쓰기를 통해 큰 변화를 경험하게 된 것이다. 당신도 앙드레 브르통처럼 할 수 있다. 글은 하나의 도구이며 수단이기 때문이다.

글은 마음과 마음을 통하게 한다. 인간이 동물과 다른 것은 문자를 가지고 있고, 문자로 글을 써서 의사전달을 한다. 인류의 발전과 발달을 이끌어온 것이 바로 글이다.

시니어, 글쓰기로 강한 인생을 만들라.

시니어는 쓰기를 통해 어제 살았던 인생보다 더 강한 인생을 만들 수 있다. 글쓰기를 통해 참담한 현실을 극복하고 위대한 삶을 살았던 사람은 수없이 많다.

인류 최고의 유물이자 자산이고 가장 많이 읽히는 책은 성경이다. 성경은 많은 저자들이 썼다. 그중 사도 바울은 예수의 사역과 구원, 신자의 도리, 목회를 주요 내용으로 신약전서 27권 중 서신서 13권을 썼다. 사도 바울은 서신의 형식을 서두(발신자, 수신자, 인사), 감사 혹은 축복, 교리적 내용, 윤리적 내용, 결론(문안인사, 마지막 축도)과 같이 5부분으로 나누어 썼다. 바울의 편지들은 결코 사사로운 개인적 편지가 아니라, 모두 교회나 성도들에게 보내진 대중적인 편지였다. 단어와 문장 구조 하나하나가 책 쓰기의 표본이다.

"항상 기뻐하라. 쉬지 말고 기도하라. 범사에 감사하라."

데살로니가전서 5장 16절 ~ 18절에 있는 사도바울의 말이다. 짧고 간결한 문장이지만 힘차고 강력한 메시지를 전달하고 있다.

조선시대 다산 정약용 선생은 18년 유배생활 동안 500여 권의 책을 집필했다. 이는 그가 엄청난 독서 고수라는 사실이다. 정약용 선생의 '과골삼천(踝骨三穿)'은 복사뼈가 세 번이나 구멍이 날 정도로 엄청난 독서와 집필을 했다는 것이다.

19세기 조선의 대표적인 실학자 혜강 최한기(1803~1877년)선생은 대단한 부자였다. 하지만 책을 구입하고 읽는데 가산을 다 탕진한 독서가로 지은 책이 무려 1천여 권이나 된다. 현재 남아있는 책은 20여종 120여권이다.

평생 시각 장애와 청각 장애를 안고 비참한 현실과 싸워야 했던 헬렌 켈러는 12권의 책을 출판하였고 많은 기사도 썼다.

루게릭병으로 휠체어에 의지하여 우주론과 양자 중력의 연구에 크게 기여한 영국의 이론물리학자 스티븐 윌리엄 호킹박사는 자신의 이론 및 일반적인 우주론을 다룬 과학 서적을 5권 저술했다

《독서와 이노베이션》의 저자 정을병은 한국을 대표하는 소설가로 평생 3만권 이상 독서와 40년간 최다집필 68권의 책을 썼다.

책 쓰기로 자신을 브랜딩한 사람이 있다. 《CEO 안철수, 영혼이 있는 승부》의 저자 안철수, 《시골의사의 아름다운 동행》의 저자 박경철, 《명품 인생을 만드는 10년 법칙》의 저자 공병호, 《아프니까 청춘이다》의 저자 김난도, 《김미경의 아트 스피치》의 저자 김미경, 《꿈꾸는 다락방》의 저자 이지성, 《나는 아내와의 결혼을 후회한다》의 저자 김정운, 《연탄길》의 저자 이철환, 《무궁화 꽃이 피었습니다》의 저자 김

진명,《멈추면 비로소 보이는 것들》의 저자 혜민 스님,《바람의 딸, 걸어서 지구 세바퀴 반》의 저자 한비야와 같은 사람이다. 이들은 하나같이 방송 출연, 기관과 단체, 기업체 특강 같은 것으로 자신을 브랜딩하고 있다. 이들이 책을 쓰지 않았다면 지금처럼 유명해지지 못했다. 책을 통해 진짜 멋진 인생을 사는 사람들이다.

인생의 전환점을 맞고 싶다면 책 쓰기 만큼 효과적인 방법도 없다. 한 분야에서 자기 이름으로 된 책을 적어도 1권만 내면 어느 정도 세상에 이름을 알릴 수 있다. 3권까지 출간하면 전문가로서 입지를 탄탄히 굳힐 수 있다. 자기만의 책 쓰기를 꿈꾸는 사람이 늘고 있다. 한 단계 더 자신을 도약시키고 삶을 다방면으로 확장시키고 싶었던 간절함이 이들의 공통점 중 하나다. 책 쓰기는 자기계발이다. 책 쓰기는 어떠한 리스크도 없이 자신을 브랜딩 한다. 자신의 스토리로 삶의 수익구조를 만들 수 있다.

『감자탕교회 이야기』, 『주식회사 장성군』, 『행복한 논어읽기』, 『일생에 한권 책을 써라』의 저자, 인천재능대학교 산학협력중점교수 양병무의 말이다.

"평생직업 개념이 사라지고 있는 요즘에는 평생교육과 글쓰기 능력이 필수가 되었어요. 주변에 퇴직을 준비하시는 분들을 보면 퇴직금으로 자영업을 하겠다는 게 일반적이지요. 하지만 사업 성공률은 낮지요. 은퇴 후 그 때까지의 지식에 글쓰기라는 기술을 더하면 리스크는 낮추면서 제2의 인생을 시작할 수 있는 든든한 자본이 될 겁니다."

책 쓰기는 시니어의 행복한 오후반 인생을 펼쳐줄 최고의 선물이자 은퇴자본이 된다. 은퇴 후가 보장된 사람들은 은퇴를 기다리게 된다. 결코 은퇴가 두렵지 않다. 여유 시간이 많아 여가 활동과 책을 쓸 수 있는 시간이 늘어난다. 취미나 자기 계발에 많은 시간을 할애할 수 있다. 시간이 자유로우니 자신의 시간에 맞추어 강의도 봉사활동도 할 수 있다.

책 쓰기는 축복이다.

책 쓰기는 자신의 가치를 발견하는 것이다. 고귀한 자신의 가치를 오후반 인생의 삶에 적용하면 안정적이고 행복한 삶이 된다. 책을 쓰면 1인 기업가로 변신할 수 있다. 은퇴 후 오히려 더 잘 나가는 1인 기업가가 많다. 자신의 삶을 제대로 브랜딩 한 사람만이 누릴 수 있는 축복이자 성과다.

은퇴를 행복하게 맞이해야 한다. 드디어 내 삶의 주체가 될 수 있는 온전한 시기가 온 것에 감사하며 마음껏 즐겨야 한다. 시니어 당신이 꿈꾸어 온 삶, 꿈꾸는 삶이 바로 책 쓰기에 달려 있다고 해도 과언이 아니다. 지금도 늦지 않다. 지금 당장 책 한권, 글 한편이라도 써서 행복한 오후반 인생을 즐기도록 해야 한다.

글을 쓴다는 것은 인생을 최고의 것으로 바꾸는 행동이다. 시니어가 지금 맞닥뜨리고 있는 현실이 최악의 상황이라도 글쓰기는 큰 힘이 될 것이다. 최악의 상황을 극복하고 어제와 다른 삶을 살고 싶다면 지금 당장 글쓰기를 시작하라.

"일을 즐길 수 있는 비결은 잘하는 것이다. 또한 일을 잘하고 싶으면 즐겨라."

위대한 작가 펄 벅의 말이다. 멋진 말이다.

시니어, 글 쓰는 사람과 글을 쓰지 않는 사람은 분명한 차이가 있다.

첫째, 글쓰기는 삶을 질을 향상시킨다.

'유지무지교삼십리(有智無智校三十里) 알고 모르느 것의 차이가 삼십리이다.'

- 중국 고전

조조와 양수가 길을 걷다가 누군가의 비문에 새겨진 여덟 자의 글을 보았다. 양수는 그 자리에서 해석했지만, 조조는 삼 십리를 걸어간 후에야 비로소 뜻을 알았다. 즉 지혜가 있는 사람과 없는 사람의 차이가 삼 십리만큼이나 된다. 글을 쓰는 사람과 글을 쓰지 않는 사람의 거리도 이와 같다.

과거에는 오래 사는 것, 무병장수하는 것이 큰 축복이었다. 그런데 지금은 오래 산다는 것, 그 자체만 두고 보면 절대로 축복이 아니다. 열심히 살아왔다면 노년이 되었을 때는 좀 더 여유 있고, 풍요롭게 살아야 한다. 노년을 풍요롭게 보내고, 노년을 인생 최고의 전성기로 꽃피우는 최고의 방법이 있다. 바로 글쓰기를 하는 것이다. 삶의 질을 향상시키는 것이 습관이다. 습관 중에서 가장 중요한 습관은 읽기와 쓰기다. 읽기와 쓰기는 인간을 바꾸고 인생을 바꾸는 위대한 습관이다.

인간에게는 원초적인 먹는 습관과 배설하는 습관이 있다. 책을 읽는 것은 먹는 것과 같고 책을 쓰는 것은 배설과 같다.

둘째, 글쓰기는 인생의 가장 스마트한 성공전략이다.

가장 경제적이고 효과적으로 자신을 멋지게 알리고 홍보하는 수단이 바로 책 쓰기다. 책을 출간함으로써 작가가 되고 강사가 되어 수백 혹은 수천 명 앞에서 강의하는 자신을 상상해보라. 글을 많이 쓸수록 인생은 성공에 한 발자국 더 가까이 간다. 글을 쓴다는 것은 인생의 의미를 깨닫고 더 나은 삶을 위한 출구를 발견하는 것이다. 인생 역전은 책 읽기가 아니라 책 쓰기다.

100권의 책을 읽은 사람보다 그 분야와 관련된 책 한 권을 쓴 사람이 더 전문가로 대접을 받는다. 한 권의 책은 당신이 상상도 하지 못하는 힘을 가지고 있다. 당신이 잠을 자고 휴식을 취하고 여행을 다녀도 그동안에 책은 쉬지 않고 당신을 홍보해준다. 당신이라는 사람에 관해 목에 힘을 주어 연설한다. 이것이 바로 당신이 쓴 책이 당신을 위해 하는 일이다.

"인생을 바꾸는 것은 읽기뿐만 아니라 쓰기도 마찬가지다. 오히려 책 쓰기는 읽기보다 열 배 더 강하다. 그러므로 책 읽기가 나를 성장시켰다면, 책 쓰기는 내 인생을 송두리째 바꾸었다고 자신 있게 말할 수 있다."

《나는 도서관에서 기적을 만났다》의 저자 김병완의 말이다.

셋째, 글쓰기는 삶을 치유하는 힐링이다.

글쓰기가 삶을 치유하는 탁월한 효과가 있다. 글쓰기를 통해 자신의 이야기를 하는 것 같지만, 사실은 자신의 이야기를 듣는다. 글쓰기를 통해 존재하는 그 누군가가 들려주는 바로 자신의 이야기를 들으면 조금씩 상처가 치유된다. 흔히 시간은 최고의 치유제이다. 하지만 글쓰기는 그 보다 더 빠르고 확실한 치유 효과가 있다. 글쓰기는 걱정, 근심, 불안, 불만스러운 현실, 감당하기 힘든 중압감, 스트레스와 같은 것을 종이 위에 내려놓고 자기 자신은 오롯이 현실 세계로 되돌아오게 한다.

기쁨을 나누면 배가 되고 슬픔을 나누면 반이 된다는 말이 있다. 이 말에 가장 잘 어울리는 것이 바로 글쓰기다. 기쁜 일이 있으면 그것에 대해 글을 쓰라. 그러면 기쁨이 실제로 배가 된다. 슬픈 일이 있다면 그것에 대해 글을 쓰라. 그러면 슬픔이 반 이상으로 줄어든다. 글쓰기는 고통과 스트레스를 나누고 없애준다.

"글쓰기를 즐겨하는 사람은 주변을 대충대충 바라보지 않는다. 글쓰기에 왕도는 없다. 얼마나 많이 써보느냐로 좌우한다. 책 쓰기에 인생의 온갖 희로애락이 있다."

《10년 후 한국》, 《부자의 생각 빈자의 생각》, 《습관은 배신하지 않는다》의 저자 공병호의 말이다.

《누구나 글을 잘 쓸 수 있다》의 저자 로버타 진 브라이언트의 7가지 글쓰기 법칙을 소개한다. 글 쓰는데 많은 도움이 된다.

■ 7가지 글쓰기 법칙

제1법칙   글쓰기는 행동이다. 생각하는 것은 글쓰기가 아니다. 글쓰기는 머리가 아닌 종이에 낱말을 늘어놓는 것이다.

제2법칙   열정적으로 쓰라. 차분한 성격의 사람이라도 좋아하는 일은 열정적으로 하기 마련이다. 열정에는 창조성이 뒤따른다.

제3법칙   정직하게 쓰라. 알몸을 드러내라. 독창적인 것에는 진통이 따르게 마련이다.

제4법칙   재미로 쓰라. 작가가 그 과정을 즐기지 못한다면, 어떤 독자도 그 결과물을 즐길 수 없다.

제5법칙   무조건 쓰라. 비난하는 어떤 말도 무시하라. 끈질기면 항상 얻는 게 있다.

제6법칙   다작하라. 글과 씨름을 하다보면 버릴 게 아무것도 없음을 알게 된다.

제7법칙   몰입하라. 삶에 몰입해서 글을 쓰도록 하라. 자신을 믿으라.

"목표에만 사로잡혀 인생을 잃지 마라."　　- 독일의 철학자 프리드리히 니체

글쓰기를 하는 사람은 그 과정 그 자체를 놀이로 여겨야 한다. 글쓰기야말로 위대한 놀이다. 글쓰기는 위대하다. 글쓰기는 신이 인간에게 부여한 가장 위대한 인간의 행위다. 글쓰기는 자기 발견이며 자기완성

이다. 그러므로 글쓰기를 즐겨라. 이제는 책을 읽기만 하는 시대는 지났다. 행복한 오후반 인생을 꿈꾸는 시니어 당신, 지금 당장 독자에서 저자로 신분 상승하라.

세계 4대 생불로 추앙 받는 베트남 출신 승려 틱낫한의 말이다.

"꽃은 꽃 그대로가 아름답다. 너도 너 그대로가 아름다움인데, 왜 다른 사람에게서 너를 찾으려 하는가?"

버킷리스트를 만들고 실행하기 *part* 06

상식이 풍부한 늙은 자동차 정비공 카터 챔버스(모건 프리먼. 역)는 어느 날 자신이 폐암에 걸려 시한부 인생이라는 진단받게 된다. 그는 병상에서 46년 전 철학 교수가 죽기 전에 꼭 하고 싶은 일, 보고 싶은 것들을 적은 '버킷 리스트'를 만들라고 했던 일을 떠올린다. 하지만 그 소망들을 이루기에는 자신이 너무 늙었음을 깨닫게 된다.

한편, 카터가 입원한 병원의 오너이자 자유 분망한 성격을 지닌 재벌 사업가 에드워드 콜(잭 니콜슨. 역)은 사업의 번창을 생각하며 가정을 꾸리지도 않았다. 일 중독적인 생활을 해 오다, 그 역시 시한부 인생으로 진단받게 된다. 우연찮게 카터와 같은 병실에 입원하게 된 에드워드는, 처음에는 독방을 쓰는 것이 좋다며 카터를 불편하게 생각한다. 두 사람은 가정에 대한 가치관도 다르고 가진 부의 수준도 달랐다. 병실에서 한동안 같이 지내면서 서로 친해진다.

어느 날 카터가 적어두었던 버킷 리스트를 보고 에드워드는 카터에게 버킷리스트를 실행하자는 제안을 한다. 카터의 버킷리스트는 장엄한 광경 보기, 낯선 사람 도와주기, 눈물 날 때까지 웃기, 무스탕 셸비로

카레이싱이다. 여기에 에드워드는 스카이 다이빙하기, 최고의 미녀와 키스하기, 영구문신 새기기, 로마와 홍콩 여행과 피라미드와 타지마할 사원 보기, 오토바이로 만리장성 질주하기, 세렝게티에서 사자 사냥을 추가 했다.

카터는 자신이 병상을 떠나 여행을 할 경우 아내가 이를 크게 염려할 까봐 처음에는 거절했다. 에드워드의 설득으로 결국 카터는 아내에게 양해를 구하고 의사의 만류에도 불구하고, 병원을 뛰쳐나간 두 사람은 버킷리스트를 행동으로 옮긴다. 둘은 버킷 리스트를 이루기 위한 여행을 떠난다. 광대하고 아름다운 세상 속에서, 그들은 목록을 지워나가기도 하고 더해 가기도 하면서 어려운 문제들과 씨름한다. 그 와중에 그들은 진정한 우정을 나누게 된다. 마침내 버킷리스트 실행을 다하고 집으로 돌아온다. 에드워드는 사업에 열중하고 카터는 폐암으로 결국 세상을 떠난다.

카터의 장례식에서 에드워드는 추도사를 읊으며 석 달 전만 해도 서로 모르던 카터와 함께 여행을 하면서 놀라웠던 일들을 회고한다. 카터와 함께 했던 마지막 몇 개월이 에드워드에게는 최고의 순간이었다고 자평하며, 카터가 자신의 삶을 구원해주었다고 한다. 그와 친구가 되었던 것에 대한 자부심을 느끼며 서로가 서로의 인생에 전정한 기쁨을 찾아주었다고 한다. 자신이 저승에 갈 때 카터를 만나 그가 저세상의 희망을 보여주길 바란다고 끝을 맺는다.

2008년에 개봉한 영화 『버킷리스트』의 줄거리다. 저자가 좋아하는 모건 프리먼이 주연으로 출연한 영화로 감명 깊게 보았다. 시니어에게 한 번 감상하라고 추천한다.

버킷리스트는 죽기 전에 꼭 해보고 싶은 일, 꼭 해야 할 일, 달성하고 싶은 목표를 적은 목록이다. 중세 시대에는 교수형을 집행하거나 자살을 할 때 올가미를 목에 두른 뒤 뒤집어 놓은 양동이(Bucket)에 올라간 다음 양동이를 걷어차고 목을 맸다. 이로부터 '킥 더 버킷(kick the bucket)'이라는 말이 유래했다. 버킷리스트(Bucket List)는 '죽다'라는 뜻으로 쓰이는 '킥 더 버킷(kick the bucket)'으로부터 만들어진 말이다. 인생에서 가장 많이 후회하는 것은 살면서 한 일들이 아니라 하지 않은 일이다. 후회하지 않을 삶을 살기 위해 나만의 버킷리스트를 만들어보는 것을 시니어에게 권한다. 버킷리스트는 국내에서도 영화 버킷리스트 개봉이후 책이나 방송 같은 것에 많이 사용되었다.

이 책을 접하는 시니어의 남은 생애가 개인에 따라 차이는 있지만 사 오십년이다. 움직이는데 어려움이 없는 건강 수명은 삼십년 내외이다. 실천이 가능한 작은 것부터 버킷리스트를 만들어 보자.

버킷리스트를 만드는 방법이 있다. 시니어가 많이 경험한 브레인스토밍 방법을 추천한다. 브레인스토밍(Brainstorming)은 창의적인 아이디어를 생산하기 위한 학습 도구이자 회의 기법이다. 먼저 하고 싶은 일 나열한다. 하고 싶은 것을 구체적으로 순서에 관계없이 쓴다. 여행, 자기 계발, 취미, 소망과 같은 분야를 백지에 쓴다. 작성할 때 중요한 것은 실현 가능성을 어느 정도 구분해야 한다. 다음에는 여행, 자기 계발, 취미, 소망과 같은 분야로 분류한다. 실행 가능한 기간에 따라 재분류한다. 1년 안에 이룰 목표는 1, 5년 안은 5로 표기한다. 언제든 할 수 있는 일이나 꾸준히 하고 싶은 일에는 'A'(always & any time)로 표기 분류한다. 그리고 기간 및 분류에 따라 분리한 것을 정리한다. 중복되는 항목은 비중에 따라 합친다. 이렇게 하면 버킷리스트가 완성된다.

버킷리스트 작성요령에 SMART 방법도 있다. 구체적이고(Specifi), 측정 가능한(Measurable), 행동 지향적인(Act Orient), 현실적인(Reality), 마감 시간이 있는(Time Limit)것이다. 브레인스토밍 할 때 참고하는 좋은 방법이다. 어떤 규칙 따위에 얽매이지 말고 자유롭게 시니어 자신이 하고 싶은 것을 작성하면 된다. 그래야 정말 자신이 바라는 것을 알 수 있다. 작성한 리스트를 하루에 두 번 이상은 꼭 확인해야 한다. 가능하면 작성한 버킷리스트를 공개하는 것도 좋다. 아무리 멋진 버킷리스트를 만들어도 실천하지 않는다면 만든 의미가 없다. 만들었으면 당장 실천하는 것이 중요하다.

"오랫동안 꿈을 그리는 자는 마침내 그 꿈을 닮아간다."

– 프랑스의 소설가, 정치가 앙드레 말로

버킷리스트 관련 두 가지 예를 제시한다.
먼저, 미국 전 대통령 빌 클린턴의 버킷리스트다.

01. 만년설이 모두 녹기 전에 아프리카의 최고봉 킬리만자로 오르기.

02. 손자를 무릎에 앉히고 같이 놀기.

03. 전 세계 사람들에게 지금도 수백만이 넘는 아이들이 매일 더러운 물을 마시고 있다는 사실을 알리기.

04. 제3세계의 에이즈 환자 없애기.

05. 깊은 밤, 존 매케인 상원의원을 찾아가 깜짝 놀라 일어나도록 베트남어로 고함을 질러 보기.(존 매케인은 베트남에서 5년 넘게 포로 생활을 한 경력이 있다).

06. 술에 만취한 상태로 폭스뉴스파티에 나가 그곳에 온 정치인들에게 내 생각을 솔직하게 말하기.

07. 아직 다리에 힘이 있을 때 마라톤 하기.

08. 옛 친구 모니카 르윈스키와 페이스북에서 만나기. 실현 가능성 거의 없음.

09. 아내를 인도 대사로 추대하기.(그의 아내 힐러리 클린턴은 오바마 행정부의 국무장관이다. 힐러리가 가까운 워싱턴에서 근무하는 국무장관이 아니라 지리적으로 멀리 떨어진 인도에 머무는 것이 오히려 두 사람이 함께하는 데는 더 쉬울 거라는 뜻).

10. 부시(41대 대통령을 지낸 아버지 부시)를 만나 "당신 아들은 똥이요"하고 말해주기.

클린턴의 버킷리스트는 특별하지 않다. 세계 최강 미국의 대통령을 지낸 사람의 소망이라고 하기에는 너무나 평범하다. 지위고하를 막론하고 사람들의 소원은 특별하거나 거창하지 않다.

죽음을 눈앞에 둔 사람에게도 버킷리스트는 있다.

위암 말기 환자의 버킷리스트다. 죽기 전에 봉사활동을 하고 싶다. 사과 한 쪽을 먹고 싶다. 블랙커피 한 잔을 마시고 싶다. 시원하게 똥을 한번 누고 싶다. 간암 말기 환자도 버킷리스트가 있다. 그동안 고생만 한 아내에게 면사포를 씌워주고 싶다. 3분만 속 시원하게 웃고 싶다. 에이즈 환자의 버킷리스트다. 아내와 함께 낚시를 가고 싶다. 설악산을 오르고 싶다. 친구들과 밤새 수다를 떨고 싶다.

단순하고 애잔한 인간미가 넘친다. 삶에 대한 애착보다 인간 본연의 욕구와 후회에서 순수하게 나온 버킷리스트다.

인간은 자신이 누구인지, 정말 원하는 일이 무언지 모르고 사는 경우가 많다. 지금이라도 하고 싶은 일, 해야 할 일의 목록을 작성하고 실천해야 한다. 정신없이 내달리는 삶을 잠시 멈추고 진정한 꿈과 행복을 향해 삶의 좌표를 다시 설정해 보자. 왜냐하면 인생은 한 번밖에 주어지지 않은 고귀한 선물이다. 지금은 시니어 당신의 마지막 버킷리스트가 무엇인지 스스로에게 질문할 차례다. 그것을 이루기 위해 어떻게 해야 하는지 고민하라. 삶은 영원하지 않다. 우리에게는 죽음을 가치 있게 태산 같은 죽음으로 마무리해야 할 의무가 있다.

명심보감 훈자편에 나오는 말이다.

"장자왈사수소(莊子曰事雖小)나 불작(不作)이면 부성(不成)이오. 장자가 말하기를 일이 비록 작더라도 하지 않으면 이루지 못할 것이요."

chapter
04

건강하게
살기

part 01 인생을 소중하게 가꾸는 법

    미국 건국의 아버지이자 독립선언서를 기초한 벤저민 프랭클린이 스무 살 때 만든 13가지 덕목이다. 초등학교도 제대로 나오지 못했지만 자기 삶의 질서를 세우는 덕목 12가지를 세웠다. 습관이 되도록 노력과 훈련을 했다. 그리고 자신이 상대방에게 상처를 주는 모습을 발견하고 13번째 덕목 '겸손'을 추가했다. 프랭클린은 작은 수첩을 만들었다. 매일 표를 만들어 체크하며 일주일 단위로 관리했다. 무려 50년 동안 지키며 훈련을 했다. 그 결과 미국인이 가장 존경하는 인물이 되어 미국의 100달러 지폐에 초상화가 삽입되었다.

    벤저민 프랭클린의 13가지 덕목과 규율이다.

01	절제	배부르도록 먹지마라. 취하도록 마시지 마라.
02	침묵	다른 사람이나 나에게 도움이 되지 않는 말은 하지 마라.
03	질서	물건은 제자리에 두어라. 일은 정한 시간에 해라.
04	결단	해야 할 일은 과감히 결심하라. 결심한 일은 반드시 실행하라.
05	절약	비싼 것은 사지 않고, 낭비하지 않는다.
06	근면	시간을 아끼고, 불필요한 일은 하지 않는다.

07	진실	남을 해치지 않고 속이지 말고, 편견을 버리고 공정하게 생각하라.
08	정의	남의 권리를 침해하지 않고, 나의 의무를 다한다.
09	중용	극단적인 것은 피한다. 내게 죄가 있거든 남의 비난을 참으라.
10	청결	몸, 옷, 집이 불결한 것은 결코 용납하지 않는다.
11	평정	사소한 일, 불가피한 일에 대하여 화내거나 짜증을 내지 않는다.
12	순결	건강한 자손을 위해서만 부부생활을 하라.
13	겸손	예수와 소크라테스를 본받고 배워라.

시니어도 성공적인 삶을 살아야 한다. 성공적인 삶은 사는 사람들은 자기 나름대로 삶의 질서가 있다. 아니 질서를 잡는 덕목과 목록을 만들어 실천을 해야 한다. 그것이 성공적인 삶의 원동력이 된다. 시간이 가는대로 상황이 전개되는 대로 삶을 살아서는 안 된다. 인생과 삶의 균형을 맞춰주는 덕목이 시니어에게 반드시 필요하다. 삶의 목적을 향해 꿋꿋이 나아가게 하는 나침반이 된다. 그럴 때 성공적인 삶이 다가오고 완성이 된다.

"과유불급(過猶不及). 지나침은 미치지 못한 것과 같다."

공자의 말이다.

공자는 제자 자장의 지나친 성격이나 제자 자하의 소극적인 성격도 모두 문제가 된다고 했다. 양극단에 치우침이 없는 중용을 강조하는 말이다. 우리 삶속에도 미치지 못한 경우보다는 지나친 탐욕이 많다.

탐욕이 우리의 삶을 망치게 한다.

　탐욕을 자제시키는 도구로 계영배(戒盈杯)란 술잔이 있다. 계영배는 고대 중국의 춘추시대에 술이 70%차면 새어나가도록 만든 술잔이다. 70%만 채웠을 때 제 기능을 발휘하는 잔이다. 인간의 끝없는 탐욕을 경계하며 늘 곁에 놓아 마음을 가지런히 했던 잔이다. 공자는 잔에 구멍이 뚫려 있음에도 술이 새지 않다가 어느 정도 이상 채웠을 때 술이 새는 것을 보았다. 제자들에게 총명하면서도 어리석음을 지키고, 천하에 공을 세우고도 겸양하며, 용맹을 떨치고도 검약하며, 부유하면서도 겸손함을 지켜야한다고 잔의 의미를 가르쳤다.

　시니어, 인생을 소중히 가꾸는 방법을 적어 본다.

　첫 번째, 주는 삶을 실천하라.

　열심히 일하고 얻은 물질로 나누고 베푸는 삶은 아름답고 즐거운 삶이다. 받는 것도 기쁘지만 주는 것은 더 기쁘다. 그럼 왜 주는 것이 기쁜가 생각해 보자. 먼저 무엇인가 남에게 주면 자신이 행복함을 느낀다. 남에게 베풀 생각을 하면 행복하지만 받을 것을 생각하면 우울해진다. 남에게 준다는 것은 정신 건강에도 좋다. 실제로 주면 기쁘고 행복함이 온다. 남에게 베푸는 삶은 얼핏 보기면 손해 보는 것처럼 생각되나 훨씬 더 많은 것을 얻는다. 선진국은 주는 나라이고, 후진국은 받는 나라다. 선진국은 더 부요해지지만 후진국은 더 빈곤해 진다. 사람도 마찬가지로 주는 자가 더 부요해진다.

"성인은 쌓아두지 않는다. 이미 남을 위해 다 사용하였으나 쓰면 쓸수록 자기에게는 더 있게 되고, 이미 남에게 다 주었으나 주면 줄수록 자기에게는 더욱 많아진다."

노자의 도덕경에 나오는 말이다.

두 번째, 현재 최선을 다하라.

사람에게 중요한 시간은 현재다. 현재에 최선을 다하는 삶은 과거를 거울삼아 미래의 소망을 만든다. 누리고 사는 것은 잘못이 아니다. 삶을 즐길 줄도 알아야 한다. 여행도 하고 맛 집도 찾아가야 한다. 열심히 일하고 쉬는 것도 잘해야 한다. 쉬지 않고 일하면 건강을 잃고 노년이 힘들어 진다. 여가를 누릴 줄 모르면 인생이 각박해지고 행복을 느끼지 못한다. 성공이란 목표를 가지고 앞을 바라보고 위도 바라보고 옆도 바라보며 사는 것이다. 앞만 바라보고 달리면 어느 때에 순식간에 낭떠러지로 떨어진다. 일과 휴식의 비율을 6대 1이 되게 조화 있게 살자. 인생도 인간관계도 조화롭게 하자.

세 번째, 비전을 품고 살라.

삶을 소중하게 가꾸는 방법 2가지가 있다.

첫째, 근심을 마음에서 떠나게 해야 한다. 인생에는 많은 근심스런 일들이 찾아온다. 인생을 승리하려면 반드시 근심과 슬픔을 이겨내야 한다. 인생의 성패는 마음에 달려 있다. 스스로 망하는 길로 가지 말라.

둘째, 육신적인 쾌락에서 벗어나야 한다. 누리며 사는 것은 필요하지만 지나치게 쾌락에 빠져서는 안 된다. 욕망을 추구하는 삶은 마음과 정신을 약하게 한다. 근심과 욕망을 이겨내려면 큰 비전을 가져야 한다.

미국 전. 대통령 클린턴은 어린 시절을 불우하게 보냈다. 아버지는 그가 태어나기도 전에 교통사고로 죽었다. 어머니는 여러 번 재혼을 했지만 결혼 생활에 실패를 했다. 어린 클린턴을 초등학교 선생님이 잘 이끌어 주었다. 고등학교 대표로 백악관에 초청되어 케네디 대통령과 악수를 했다. 대통령을 만난 것이 인생의 큰 전환점이 되었다. 케네디 대통령은 전국 고등학교 대표 40명 앞에서 이렇게 말했다. "여러분! 야망을 가지십시오." 그때 품은 비전이 클린턴을 대통령으로 만들었다.

새벽기도 때 목사님 설교를 발췌한 내용이다.

시니어, 당신의 삶을 살펴보자.

살다 보면 인생의 위기가 찾아온다. 위기는 위험이면서 동시에 기회가 된다. 인생의 소중하게 가꾸는 것을 방해하는 요소는 없는지 살펴보자. 게으름, 나태함, 안일함, 목표 없는 삶, 술, 도박, 스마트폰 중독, 게임, 성적인 타락과 같은 것이 사람마다 자신을 괴롭히고 방해하는 요소가 된다. 이것들을 몽땅 버리자. 버려야 성공한다. 소중한 삶의 행복이 다가온다. 어떤 경우에도 낙심하지 말고 용기와 희망을 가지고 내일을 위한 준비를 해야 한다.

몇 년 전에 구글사이트에서 발췌하여 보관 중인 유사한 자료가 있다. 뜻을 이해하며 천천히 읽어보면 깊은 의미를 느낀다. 그리고 행동으로 옮겨 보도록 권면한다.

01	관심	타인에게 순수한 관심을 기울인다.
02	미소	밝은 표정, 환한 미소를 짓는다.
03	인사	사람들에게 먼저 인사를 건넨다.
04	경청	사람들의 이야기를 귀담아 듣는다.
05	공감	사람들의 생각, 감정, 입장을 헤아린다.
06	배려	받으려고 하지 말고 먼저 더 많이 베푼다.
07	존중	이해관계가 없는 사람, 지위나 연령이 낮은 사람을 대할 때도 존중한다.
08	친절	항상 친절한 말과 행동을 유지한다.
09	감사	항상 감사하는 마음으로 대한다.
10	겸손	고집이나 자만심을 버리고 거만하게 행동하지 않는다.
11	양보	사람들에게 자신의 몫, 차례를 양보한다.
12	인내	화가 났을 때 분노를 조절하고 참는다.
13	유머	항상 웃음과 여유를 지니도록 노력한다.

시니어, 당신도 누군가에게 소중한 사람이다. 자신을 사랑해야 한다. 또한 자신의 일생에서 가장 귀중한 사람이 누구인지 둘러봐야 한다. 그리고 그 사람을 아끼고 존경하고 사랑해야 한다. 이것이 오후반 인생을 소중하게 가꾸는 법이다.

"사람들은 불합리하고 비논리적이고 자기중심적입니다. 그래도 사랑하십시오."

– 마더 테레사 수녀

part
02 건강을 지키는
10가지 수칙

'구구팔팔이삼사'라는 말이 있다. 구십구 세까지 팔팔하게 살다가 이삼 일 앓다가 죽는다는 덕담이다. 장수할 거면 건강하게 살자는 바람과 소망이 담겨 있는 말이다.

통계청의 '2013년 생명표'에 따르면 한국 남자는 10년 골골하면서 78.5세까지 살고, 여자는 12년 골골하다 85.1년을 산다고 한다. 2013년 40세 남자와 여자는 각각 39.7년, 45.9년을, 60세 남자와 여자는 각각 22.0년, 27.0년을 더 생존한다고 한다.

한국인의 기대수명은 경제협력개발기구(OECD) 2014년 보고서 따르면 34개 회원국에서 남자는 18위, 여자는 4위다. 한국 남자는 세계 1위 아이슬란드(81.6년)와는 3.1년, 3위 장수 국가 일본(79.9년)과는 1.4년 차이다. 여자 1위는 일본으로 86.4년이다. 한국 여자와의 격차는 1.3년이다.

한국인의 건강수명은 남자 68.8년, 여자 72.5년이다. 남녀평균은 70.6년이다. 건강수명은 질병이나 사고로 인해 아프지 않은 기간이다. 노년 평균 약 11년을 병마와 씨름한다. 건강수명과 평균수명 간의 차이는 주로 당뇨, 비만과 같은 만성질환에 기인한다.

건강상태에 대한 주관적인 인식도 경제협력개발기구(OECD)국가 중 가장 낮다. OECD 국가의 국민 60% 이상이 건강하다고 응답한 반면, 한국인은 그 비율이 30%대다. 노년에 대한 경제적 준비도 취약하다. 한국은 65세 이상 노인층의 상대적 빈곤율(같은 연령대 소득중간 값의 50% 이하비중)이 49.6%로 OECD 평균 12.6%을 크게 초과한 1위다. 저소득 노인층에 대한 복지를 확충하고 노인 일자리 창출에도 힘써야 하는 이유다.

건강수명의 연장을 위해 한국건강관리협회 메디체크에서 '건강수명 연장을 위한 5가지'를 제안하고 있다.

■ 건강수명 연장을 위한 5가지

첫째, 우리나라에서 발병 빈도가 높은 뇌심혈관질환, 당뇨, 간질환과 같은 예방을 위해 '질병의 조기발견을 위한 정기적인 건강검진 받기'다.

둘째, 혈압이나 LDL-콜레스테롤(나쁜 콜레스테롤), 혈당과 같은 '지속적 건강체크를 위한 건강수치 기억하기'다.

셋째, 비만 지표인 체질량지수(BMI)나 복부비만의 판정지표인 허리둘레를 측정하는 '비만예방을 위한 허리둘레 측정하기'다.

넷째, 나트륨(Na)의 과다섭취, 폭식, 음주와 흡연 등의 나쁜 습관을 추방하는 '생활 속 건강생활 실천하기'다.

다섯째, B형 간염이나 자궁경부암 예방접종 등과 같은 '질병 예방을 위한 예방 접종 받기'다.

건강수명의 연장은 올바른 생활 습관과 질병 예방에서부터 시작된다는 사실은 누구나 공감하고 있다. 그렇지만 그 실천은 쉬운 일이 아니다. 자신에게 맞는 건강수칙을 마련하여 일상생활에서 습관화하고, 긍정적으로 생각하며 살아갈 때 앞으로 맞이할 '100세 장수시대'의 진정한 주인공이 된다.

시니어가 조심하고 챙겨야할 대표적인 질환이다.

첫째, 혈관질환이다.

총 길이가 12만 킬로미터에 달하는 혈관은 우리 몸 구석구석으로 혈액이 흘러가는 통로다. 혈관은 영양과 산소를 싣고 우리 몸의 장기와 세포에 생명을 불어 넣어주고 있다. 모든 혈관이 중요하지만 그 중에 심뇌혈관(뇌혈관)과 심장혈관(심혈관)이 특히 중요하다.

심장혈관은 심장에서 1분 당 2.5~3.5리터씩 뿜어져 나오는 혈액을 온 몸으로 보내는 핵심적인 역할을 한다. 심혈관 건강에 문제가 생기면 혈액이 제대로 흐르지 않는다. 그로인해 사망하는 사람이 많다. 통계청이 최근 발표한 '2014년 우리나라 10대 사망 원인' 중 두 가지가 심혈관과 관련된 질환이다. 심장질환이 2위로 2만6588명 사망했고, 고혈압성 질환이 10위로 5061명 사망했다.

심혈관이 병드는 이유는 노화, 식습관, 스트레스와 같은 것이다. 요즘처럼 기온이 낮아지면 심혈관 건강에 빨간불이 켜진다. 심혈관은 수축과 이완을 적절히 반복해야 하는데, 기온이 낮으면 혈관이 과도하게 경직되어 혈액 흐름이 비정상적이 된다. 기온이 1도만 떨어져도 수축기혈압(심장이 수축했을 때의 혈압)이 1.3mmHg, 이완기혈압(심장이 이완했을 때의 혈압)이 0.6mmHg 높아진다. 혈압이 갑자기 오르면 혈관이 터져서 뇌출혈 등이 생길 수 있다. 혈관 안쪽이 찢어져서 혈전(피떡)이 생겨 심혈관이 막히기도 한다. 심혈관 질환은 사망률이 높아 병 자체가 위험하다. 또한 후유증이 통증, 빈맥과 같이 워낙 다양해 삶의 질을 크게 떨어뜨린다. 협심증과 심근경색이 대표적인 심혈관 질환이다. 최근에는 스텐트나 인공판막 시술과 같은 첨단 의료기술을 적용치료 하여 회복기간, 합병증과 같은 부담이 적어지고 있다.

뇌혈관 질환은 우리나라 성인 사망원인에서 암 다음으로 두 번째로 건강을 위협하는 중요 질환이다. 뇌혈관 질환은 크게 출혈성 질환과 허혈성 질환으로 구분된다. 다시 이들 질환은 각각 그 원인에 따라 많은 세부적인 질병으로 분류한다.

뇌혈관 질환은 심혈관 질환, 암과 함께 우리나라 3대 사망원인의 하나다. 뇌혈관 질환은 대체로 고령 연령에서 많이 발생한다. 치료를 하여 생명을 구하더라도 심각한 후유증을 남기는 경우가 많다. 치료도 중요하지만 예방이 매우 중요하다.

뇌혈관 질환의 증상은 원인과 발생부위, 심한 정도에 따라 증상이 달라진다. 흔한 증상은 갑작스러운 두통, 구토, 의식의 소실, 마비증상과 같은 것이다. 이외에도 어지럼증, 시력장애, 언어장애와 같은 다양한 증상이 나타난다. 뇌혈관 질환의 증상은 점차적으로 진행한다. 가장 많은 경우는 이전에 증상이 전혀 없었거나, 증상이 없더라도 뚜렷하지 않아, 환자나 가족이 무시하고 지내다 갑작스럽게 발생하는 것이다.

대표적인 뇌혈관 질환이다

01. 뇌동맥류 파열에 의한 뇌출혈

50대에 가장 많이 발생하며 90% 이상의 환자가 수술을 받는다. 뇌동맥류는 뇌혈관 벽의 선천적 이상에 의하여 혈관 벽의 일부가 꽈리처럼 부풀어 오르는 것이다. 뇌동맥류의 벽은 정상적인 혈관 벽이 아니기 때문에 파열되어 뇌출혈을 일으킨다. 뇌동맥류의 파열에 의한 출혈은 흔히 뇌를 둘러싸고 있는 얇은 막(지주막) 아래로 퍼지기 때문에 지주막하 출혈이라 한다. 가장 전형적인 증상은 갑작스러운 심한 두통과 함께 순간적으로 의식을 잃는다. 정도에 따라서 의식의 장애, 마비 증상, 경부 강직과 같은 것이 동반된다.

02. 뇌혈관 기형

뇌혈관 기형의 가장 대표적인 것이 뇌동정맥 기형이다. 선천적으로 뇌 속에 기형혈관이 존재하여 동맥에서 혈액이 모세혈관을 통하지 않고 바로 정맥으로 흐르는 상태다. 뇌동정맥 기형의 가장 흔한 증상은 간헐적인 두통, 갑작스런 출혈, 간질 발작, 점진적인 뇌기능의 저하와 같은 것으로 연령에 관계 없이 발생한다.

03. 고혈압성 뇌출혈

한국인에게 가장 흔한 뇌출혈의 원인은 고혈압이다. 고혈압에 의한 뇌출혈은 뇌 속에 혈액이 한곳에 모여 혹과 같은 혈종을 형성한다. 탄력성을 잃은 뇌혈관이 압력을 이기지 못하고 터진다. 뇌출혈의 증상은 갑자기 한쪽 얼굴에 마비가 오거나, 팔다리에 힘이 빠지고 저리며 감각이 없어지거나, 말이 어눌해지고 잘 나오지 않거나, 잘 듣지 못하거나, 한쪽 눈이 갑자기 안 보이거나 시야의 일부가 가려 보이는 것이다.

04. 경동맥 폐색에 의한 허혈성 뇌혈관 질환

전신적으로 동맥경화증이 진행이 되면 동맥벽에 콜레스테롤 성분이 축적되어 동맥벽이 두꺼워지고 혈액 순환의 장애를 일으킨다. 이중 뇌에 혈액을 공급하는 경동맥의 동맥경화증은 뇌의 혈액 공급에 장애를 일으켜 허혈성 뇌질환의 원인이 된다. 현재까지는 한국인에게서는 고혈압성 뇌출혈에 비하여 빈도가 낮지만 최근에는 생활양식의 변화에 따라 크게 발생 빈도가 증가한다.

혈관 질환에 손상을 줄 수 있는 위험인자를 빨리 발견하여 조절하면 예방할 수 있다. 고령의 나이, 고혈압, 당뇨병, 심장 질환, 흡연, 과음과 같은 것이 위험인자이다. 이외에도 고지혈증, 비만, 운동부족과 같은 것이 위험인자이다.

혈관 질환은 병원에서 여러 가지 검사를 통하여 진단을 확인하고 치료한다. 가장 기본적인 검사는 전산화단층촬영(CT), 자기공명촬영(MRI)이고, 필요에 따라 혈관조영술(Angio), 초음파검사(US)와 같은 검사를 추가로 시행한다.

병원에서 권장하는 혈관질환 예방관리를 위한 9대 생활수칙이다.

■ 혈관질환 예방관리를 위한 9대 생활수칙

01. 담배는 반드시 끊는다.

01. 술은 하루에 한두 잔 이하로 줄인다.

01. 음식은 싱겁게 골고루 먹고, 채소와 생선을 충분히 섭취한다.

01. 가능한 매일 30분 이상 적절한 운동을 한다.

01. 적정체중과 허리둘레를 유지한다.

01. 스트레스를 줄이고 즐거운 마음으로 생활한다.

01. 정기적으로 혈압(120/80mmHg), 혈당(공복혈당 100mg/dl 미만), 콜레스테롤(수치 200mg/dl 미만)을 측정한다.

01. 고혈압, 당뇨병, 고지혈증을 꾸준히 치료한다.

01. 뇌졸중, 심근경색의 응급 증상을 숙지하고 발생 시 즉시 병원에 간다.

둘째, 암이다.

매년 우리나라는 인구 5명중 1명이 암으로 사망한다. 암의 발생 빈도도 현저히 증가되는 추세다. 이러한 암 발생증가는 심각한 환경 공해 문제 및 인간 수명의 연장에 따른 인구의 노령화에 기인한다. 통계청에 따르면 성인들이 가장 두려워하는 1위가 암(59.1%)으로, 2위인 고혈압(6.9%), 3위 디스크와 관절염(4.0%)이다.

수많은 세포로 구성되어 있는 인체의 모든 장기는 위치와 기능에 따라 여러 종류의 세포들로 구분된다. 세포는 동일한 유전 정보를 갖고 있으며 일정한 세포주기에 따라 분화하고, 성장하고, 소멸한다. 이러한 자연적인 세포주기에 이상이 생기면 세포가 정상적으로 분화하지 않고, 어느 정도 분화한 후에는 성장을 멈추어야 하는데 계속 성장하게 된다. 이 세포가 암세포다.

암세포는 어느 정도 자란 후 세포분열과 성장을 멈추는 정상세포와 달리 무제한적으로 자라고 성장 속도도 비교적 빠른 편이다. 또한 암세포는 정상세포와 다른 이상 구조를 가지고 있고, 세포들끼리 서로 부착하는 성질이 적기 때문에 주위조직이나 먼 곳으로 잘 퍼져나간다. 비정상적인 세포가 주변 인접 조직으로 침투하기도 하고, 임파선이나 혈액을 통해 인체의 다른 부분으로 확산되기도 한다. 암세포가 주위 조직으로 퍼지는 것이 침윤이다. 먼 곳으로 이동하여 성장하는 것이 전이다. 암의 명칭은 세포의 유형이나 발생 부위에 따라 붙여지는데 암세포가 전이되어 생긴 새로운 암세포도 같은 이름 즉, 발생 부위의 이름을 붙인다. 만약 위암세포가 간으로 확산되면 간에 있는 암세포도 전이성 위암이라고 하고 간암이라 하지 않는다.

정확한 암의 발생원인은 아직까지 확실히 밝혀지지 않고 있다. 유전인자, 방사선, 대기오염, 흡연, 음주, 음식과 같은 것이 발암의 원인으로 추정한다. 내적인 요인으로는 유전인자, 면역학적 요인을 들 수 있다. 외적 요인으로는 화학물질(담배, 대기오염, 약물, 음식, 발암물질), 방사선, 자외선, 바이러스와 같은 것이다. 특히 내적요인 중에서 유전인자가 암 발생에 있어 중요한 역할을 한다. 암 유전자의 발현으로 정상적인 세포주기에 필요한 여러 신호 전달체계에 이상이 발생하거나, 억제 유전자의 이상으로 암유전자가 억제되지 못하고 활동하는 경우에 암이 발생한다. 몇몇 암에서는 유전자의 돌연변이로 암이 발생되는 것으로 밝혀졌다.

중요한 외적요인 중 하나인 화학물질에는 직업적으로 노출되는 발암물질(벤즈피린, 아플라톡신, 비소, 석면)이나 흡연, 대기오염, 약물, 음식과 같은 것이 포함된다. 이중 흡연은 가장 중요한 암의 위험요인으로 흡연 단독으로, 혹은 음주와 복합작용으로 암을 일으킨다. 흡연은 특히 폐암 발생의 위험요인이다. 흡연을 하는 사람은 비흡연자보다 폐암발생의 위험이 10배 정도 높다. 흡연은 폐암 외에도 구강암, 인후암, 후두암, 식도암, 신장암, 방광암, 췌장암의 발생과도 매우 높은 연관성이 있다. 따라서 암의 가장 효과적인 예방은 금연이다. 술은 흡연이 식도암이나 인두암, 후두암을 일으키는데 보조적인 역할을 한다. 과음으로 발생하는 암은 간암, 구강암, 폐암, 후두암, 식도암, 위암, 대장암, 직장암, 유방암과 같은 것이다. 다음으로 암의 약 3% 정도가 방사선 노출에 의해 유발된다. 히로시마 원폭 투여지역과 체르노빌 원자력 발전소 사고 지역에 있었던 많은 사람들이 백혈병과 같은 많은 암이 발생되었다. 태양 자외선에 노출되었을 때도 피부암 발생률이 높다.

우리나라에서도 대한암협회에서 암 예방 14개 사항을 권장하고 있다.

■ 암 예방 14개 사항

01. 편식하지 말고 영양분을 골고루 균형 있게 섭취한다.

02. 황록색 야채를 주로한 과일 및 곡물 등 섬유질을 많이 섭취한다.

03. 우유와 된장국의 섭취를 권장한다.

04. 비타민 A, C, E를 적당량 섭취한다.

05. 이상체중을 유지하기 위하여 과식하지 말고 지방분을 적게 먹는다.

06. 너무 짜고 매운 음식과 너무 뜨거운 음식은 피한다.

07. 불에 직접 태우거나 훈제한 생선이나 고기는 피한다.

08. 곰팡이가 생기거나 부패한 음식은 피 한다.

09. 술은 과식하거나 자주 마시지 않는다.

10. 담배는 금한다.

11. 태양광선, 특히 자외선에 과다하게 노출하지 않는다.

12. 땀이 날 정도의 적당한 운동을 하되 과로는 피한다.

13. 스트레스를 피하고 기쁜 마음으로 생활한다.

14. 목욕이나 샤워를 자주하여 몸을 청결하게 한다.

셋째, 퇴행성관절염이다.

퇴행성관절염은 관절 연골의 손상으로 관절의 통증과 운동장애를 보이는 질병이다. 퇴행성관절염은 주로 50대 이후에 발병하며, 노인 연령에서 가장 흔하게 발생된다. 퇴행성관절염은 관절 질병 중에서 가장 많은 관절염이다. 퇴행성관절염의 원인으로는 체중과다. 관절의 외상, 주위 뼈의 질환, 근육의 약화, 관절의 신경 손상과 같은 것이다. 이 밖에 유전적인 원인에 의해서도 발생한다. 퇴행성관절염은 주로 고관절, 슬관절, 요추와 같은 곳에 많이 발생하다. 손가락이나 발가락에서도 발생한다. 류마티스 관절염과는 달리 손목이나 팔꿈치, 발목 같은 곳에는 잘 발생하지 않는다.

관절에서 연골은 뼈의 말단을 덮고 있는 비교적 견고하고 탄력성이 있는 조직이다. 운동 할 때 관절을 부드럽게 하고 뼈의 충격을 흡수하는 역할을 한다. 골관절염은 연골 조직이 손상되어 발생한다. 나이가 들면서 연골은 노화현상이 일어나 탄력성이 감소한다. 연골의 탄력성이 감소하면 외상이나 과도한 운동에 의해 쉽게 부서진다. 이로 인해 관절을 싸고 있는 활막에 염증이 생긴다. 연골 외에 관절의 충격을 흡수하는 뼈마디에서 나오는 끈끈하고 미끄러운 액체가 활액이다. 나이가 들면서 활액의 점성이 감소하기 때문에 충격을 충분하게 흡수하지 못해 연골 손상을 일으킨다.

퇴행성관절염 증상이다. 주로 오래 걷거나 서있을 때, 혹은 오랫동안 앉아있다 일어설 때 통증이 생긴다. 계단을 올라가거나 내려갈 때 통증이 심해지며 쪼그려 앉으면 통증이 많아진다. 간혹 통증으로 밤에 잠을 설치는 경우도 있다. 관절염은 관절통의 원인이다. 다관절통으로 다리를 쓰지 않으면 다리 근육이 약해져 다리가 가늘어 지고 관절통이 더 심해진다. 관절통은 주로 다리 모든 부분에서 발생한다. 류마티스 관절염과 달리 전신쇠약이나 피곤함을 일으키지 않는다.

■ 퇴행성관절염 예방 및 치료방법

01. 유산소 운동

규칙적인 유산소 운동은 퇴행성관절염을 완화시키는데 매우 중요하다. 통증을 완화하고 관절을 기능을 개선해 준다. 근육을 강화하여 관절에 대한 스트레스를 줄여준다. 유산소 운동은 관절에는 부담을 주지 않고 전신 상태를 최적상태로 유지해 준다. 고관절이나 슬관절의 통증이 심하지 않다면 걷는 운동이 가장 좋은 운동이다. 통증이 있는 경우에는 처음에는 10분 ~15분 정도 천천히 걷도록 하며 점차 걷는 시간을 조정하여 시간을 늘린다. 슬관절에 퇴행성관절염이 있는 경우는 다리 근육 강화 운동을 해야 한다. 자전거 타기가 매우 좋은 운동이다.

02. 체중조절

체중을 줄이는 방법은 매우 다양하나 원칙은 칼로리 섭취를 줄이고 활동량을 늘리는 것이다. 과도한 체중이 온갖 질병의 원인이다.

03. 약물치료

약물치료의 목적은 통증을 없애는 것이다. 약물에 따라 매일 투여하기도 하고 필요한 경우에만 투여하기도 한다. 약물 종류 및 투여량은 환자의 상태에 따라 의사가 결정하며 의사의 지시에 따라야 한다.

넷째, 당뇨병이다.

'혈관 속 시한폭탄'이라 불리는 당뇨는 당분이 많이 섞여 나오는 오줌이다. 당뇨병은 소변에 당분이 많이 섞여 나오는 질병이다. 당뇨병은 인슐린이 부족하게 분비되거나 정상 기능을 하지 못하는 것과 같은 대사질환의 일종이다. 혈중 포도당의 농도가 높아지는 것이 고혈당이다. 혈당이 180mg/dL 이상 계속 높아지면 고혈당 증세다. 고혈당에 따른 여러 증상과 징후를 일으키고 소변도 포도당을 배출하게 된다.

현대인의 식생활이 많이 바뀌면서 지금은 '당뇨병 대란 시대'라 불린다. 매년 당뇨병 환자는 빠르게 늘고 있다. 전 세계 당뇨병 환자 수는 3억 8천만 명으로 이대로 늘어나면 2030년에는 5억 9천만 명이 된다. 가장 큰 문제점은 당뇨환자의 50%가 현재 본인이 당뇨인지 모른다. 뒤늦게 발견했을 때는 이미 합병증까지 진행된 상태다. 이런 식으로 사망하는 환자가 6초에 1명에 달한다.

당뇨병이 발생하는 원인이 있다.

하나, 유전적인 요인으로 가족력이 있는 사람으로 당뇨가 올 확률이 높다. 둘, 서구화된 생활습관으로 활동량은 줄고, 열량이 높은 음식으로 비만 인구가 늘어났다. 셋, 노인인구 증가와 급격한 고령화로 노화과정에서 많이 발생한다.

당뇨병의 증상이다.

충분한 휴식을 취하고 힘든 일을 하지 않았는데도 온몸이 피로하고 나른하며 전신 권태감과 졸음이 자주 오고 무기력증, 몸의 힘이 쑥 빠지는 것이다 비만인 사람에게 당뇨가 많지만 당뇨 발생 2~3년 전부터 급격히 뚱뚱해지는 경우가 있다. 조기에 발견해 식이요법을 하고 체중을 감소시킨다면 당뇨의 발생을 지연 또는 예방할 수 있다. 망막에 출혈이 생겨 시력이 떨어지거나 백내장에 의한 시력장애가 생긴다. 이밖에 눈의 조절기능에 변화가 생긴다든지 홍채염과 같은 안질환이 일어난다. 이외에도 구취, 잇몸출혈, 치아 흔들림, 성욕감퇴, 월경이상, 두통, 불안, 신경질, 위산과다, 복통, 복부팽만, 신경통과 같은 증세도 있다.

당뇨병 예방 방법이다.

먼저, 정백 가공식품인 흰쌀, 흰밀가루, 흰설탕, 흰소금, 흰조미료를 비롯한 인스턴트식품, 동물성지방 식품의 과잉섭취를 줄인다. 췌장에 무리를 주지 않는 섬유질, 비타민, 미네랄, 효소가 풍부한 씨눈 달린 곡식류와 채소류, 버섯류, 해조류, 과일류와 같은 천연 자연식품으로 식생활을 개선한다. 과식과 폭식, 기름지거나 맵고 짠 자극적인 음식을 자제한다. 당류보다는 비타민과 당뇨수치의 급작스런 상승을 막는 식이섬유가 풍부한 야채나 채소류와 등 푸른 생선을 섭취해야 한다.

다음은 당뇨환자의 경우 운동량은 부족한 경우가 많다. 당뇨 수치를 낮추기 위해서는 운동이 필수다. 운동은 혈액속의 포도당이 근육으로 흡수되는 것을 돕기 때문에 혈당을 낮춰주는 효과가 있다. 때문에 운동을 꾸준히 하게 되면 인슐린 작용이 원활해져 혈당조절이 안정되게 된다. 뿐만 아니라 비만예방은 물론 동맥경화, 고혈압과 같은 만성질환을 예방한다. 스트레스 해소도 좋은 효과 방법이다. 고혈당을 개선하기 위해서는 걷기, 산책 등의 유산소운동을 하루 15분~1시간정도 주 3~5회 정도 꾸준히 하는 것이 좋다. 어느 정도 적응이 되었다면 근육운동을 병행하는 것도 도움이 된다. 하지만 무엇보다 중요한 것은 자신의 상태를 잘 파악하여 무리한 운동을 하지 않는 것이다. 또한 운동전 전문의와 상담하여 자신에게 맞는 운동을 하는 것이 중요하다.

다섯째, 치매이다

'치매(dementia)'라는 말은 라틴어에서 유래된 말로서 "정신이 없어진 것"이라는 의미다. 치매는 정상적인 지적능력을 유지하던 사람이 다양한 원인으로 인해 뇌기능이 손상되면서 기억력, 언어 능력, 판단력, 사고력과 같은 지적기능이 저하되어 일상생활에 상당한 지장이 초래되는 상태다. 이러한 진행성 치매는 뇌의 질환이며, 나이에 따라 발병률이 증가한다. 과거에는 치매를 망령, 노망이라고 부르면서 노인이면 당연히 겪게 되는 노화 현상이라고 했다. 최근에는 많은 연구를 통해 분명한 뇌 질환으로 인식되고 있다. 두통이나 만성 기침, 피로감과 같은 여러 증상들도 원인에 따라 치료법이 다르다. 치매도 정확한 진단과 적절한 치료법을 찾아내는 것이 중요하다.

치매 발병의 원인이다.

치매는 65세 이상은 약 5~10%, 80세 이상은 약 30~40%에 발병한다. 따라서 치매는 연령이 증가할수록 유병률이 높아진다. 치매노인 중에서 남자노인보다 여자노인의 치매 발병률이 높다. 치매의 원인 중 가장 흔한 것은 퇴행성 뇌질환의 일종인 알츠하이머병으로 약50-60%를 차지한다. 다음으로는 혈관성 치매가 20-30%를 차지한다. 나머지 10-30%는 기타 원인에 의해 발생한다. 치매의 기타 원인으로는 우울증, 약물, 알코올, 화학물질 중독이다. 대사성 원인으로 인한 전해

질 장애, 갑상선질환, 비타민 결핍증, 뇌기능 장애를 초래하는 감염성 뇌질환, 두부외상, 정상압수두증, 다발성 경색증과 같은 것이다.

치매의 증상이다.

먼저, 인지기능 변화에 의한 증상으로 기억력 저하, 언어기능 저하, 시간 지남력 저하, 시공간능력 저하, 수행능력 같은 것이다. 다음은 행동 증상으로 성격변화, 우울, 초조, 환각, 망상, 무감동, 무관심과 같은 것이다.

치매는 얼마든지 예방할 수 있다

알츠하이머병에는 뾰족한 예방법이 없다. 혈관성 치매는 중년부터 꾸준히 노력하면 얼마든지 예방할 수 있는 치매다. 더구나 혈관성 치매에 걸리더라도 초기에 발견하면 더 이상의 진행을 막을 수 있다. 우리나라의 경우 이와 같은 혈관성 치매는 전체 치매 환자의 반을 차지한다. 고혈압, 당뇨병, 고지혈증, 심장병, 흡연, 비만, 운동 부족과 같은 위험 요소를 조절해야 한다. 따라서 성인병이 시작되는 40대부터 혈압이 높은지, 당뇨병이 있는지, 혈액 검사에서 콜레스테롤이 높은지를 점검해야 한다. 담배를 끊고 규칙적으로 운동을 해야 한다. 그리고 늘 사고하며 뇌 운동을 시켜야한다

시니어의 건강관리에 필요한 대표적인 혈관 질환, 암, 퇴행성관절염, 당뇨병, 치매에 대해 비교적 자세히 설명을 했다.

■ 행복한 오후반 인생에 중요한 건강을 지키는 열 가지 수칙

첫째 수칙 : 운동이다.

일주일에 3회 이상 운동하는 것이 좋다. 시간이 없다면 3층 이하는 걸어 다녀라. 출퇴근 시 한두 정거장 걷기를 하라. 하루에 30분 정도만 땀이 날 정도로 걸어라.

둘째 수칙 : 식습관이다.

폭식과 과식은 대표적 성인병인 비만의 주범이다. 하루 세 끼 규칙적으로 식사한다. 잠들기 4시간 전에는 음식물을 섭취하지 않는다. 특히 아침식사를 거르면 공복감이 심해져 점심에 폭식을 하게 된다. 반드시 아침 식사를 한다.

셋째 수칙 : 흡연이다.

흡연은 건강의 최대 적이다. 건강에 백해무익하다. 반드시 끊어야 하지만 당장 끊을 수 없다면 양을 줄여나가라.

넷째 수칙 : 음주이다.

음주 후 해독하는데 72시간이 걸린다. 3일 간격으로 마시는 것이 좋다. 접대가 많은 직업이라도 최소 하루는 걸러서 마셔라.

다섯째 수칙 : 영양 섭취이다.

노화를 방지하는 가장 중요한 요소는 영양이다. 특히 6대 영양소인 탄수화물,단백질,지방,비타민,미네랄,식이섬유를 반드시 섭취하라.

여섯째 수칙 : 스트레스 해소이다.

일주일 중 하루는 휴식을 취해라. 휴식으로 잃었던 생기를 되찾아야 한다. 스트레스는 만병의 근원이다.

일곱째 수칙 : 충분한 휴식을 취해라.

50분 정도 일한 후 휴식을 가진다. 휴식 때는 간단한 스트레칭도 좋다. 점심 식사 후 5~10분 정도의 토막잠은 아주 좋은 휴식이다. 토막잠은 30분이 넘지 않는 정도가 좋다. 수면 대신 점심식사 후 주변을 산책하는 것도 좋다.

여덟째 수칙 : 충분한 수면을 취해라.

밤 11시부터 아침 7시까지가 황금 수면 시간이다. 되도록 이 시간에 잠을 자도록 한다. 적어도 5시간 이상 자는 것이 좋다. 휴일이라고 마냥 잠을 자는 건 안 좋다. 8시간 이상 수면을 취하지 말라.

아홉째 수칙 : 건강한 성생활 유지하라.

건강한 성생활이 건강에 미치는 역할은 매우 크다. 한 달에 6회 이상 만족스러운 성생활을 하면 젊음을 유지하고, 심장 건강에 도움을 준다. 또한 질병이 감소, 암 발병감소, 장수 효과, 기분 고조, 스트레스 감소와 같은 효과가 있다.

열 번째 수칙 : 정기적인 건강검진이다.

직장 또는 국가에서 정기적으로 실시하는 검진을 꼭 받아야 한다. 2~3년 마다 정기적인 건강검진을 하라. 병의 조기 발견은 치유에 결정적이다.

프랑스 철학자 몽테뉴의 말이다.

"부귀, 영화, 학식, 미덕, 명예, 사랑도 건강이 없으면 퇴색되고 사라져 버린다."

part 03 건강한 노후, 하기 나름이다

"익자삼요 손자삼요. 요절례악, 요도인지선, 요다현우, 익의. 요교락, 요일유, 요연락, 손의. (益者三樂, 損者三樂. 樂節禮樂, 樂道人之善, 樂多賢友, 益矣. 樂驕樂, 樂佚遊, 樂宴樂, 損矣.) 유익한 것으로 세 가지 좋아함이 있고, 손해되는 것으로 세 가지 좋아함이 있다. 예절과 음악으로 절제하는 일을 좋아하고, 사람들에게 착한 일을 일러주기를 좋아하고, 착한 벗을 많이 가지기를 좋아하면 유익하다. 방탕하게 즐기는 일을 좋아하고, 한가롭게 노는 일을 좋아하고, 잔치자리를 열어 즐기기를 좋아하면 손해니라."

논어 제16 계씨 편 5장에 나오는 공자의 말이다.

공자의 말과 같이 시니어가 건강한 노후를 맞이하고 활기찬 오후반 인생을 여는데 필요한 유익한 것과 유익하지 않은 것이 있다.

먼저 유익한 것에 대해 알아보자.

첫째, 운동이다.

운동(運動/exercise)은 사람이 움직여서 몸을 단련하는 것이다. 체육이 동의어다. 몸을 움직이는 모든 행동을 말한다. 규칙적인 운동은 건강한 삶을 위해 반드시 필요하다. 활동과 운동은 다르다. 운동은 몸을 움직이는 것 자체를 의미한다. 활동은 몸을 움직여서 결과를 창출하는 의미다. 때문에 운동은 활동의 한 부류에 들어간다.

운동은 사람 수에 따라 개인운동과 단체운동으로 구분한다. 세부적인 목적에 따라 다이어트 운동, 몸짱 운동, 무산소 운동, 유산소 운동, 격투기와 같이 나눈다. 대부분의 운동은 대체로 넓은 공간이 필요하지 않으며 많은 인원수가 필요하지 않기 때문에 접근이 쉽고 지속하기도 쉽다. 하지만 운동은 힘이 많이 들고, 재미가 없고, 너무 같은 행동만 반복, 눈에 띄는 결과를 보이지 않기 때문에 흥미나 재미 위주로 활동하는 사람에게는 쉽지 않다.

시니어의 건강 찾기와 유지에 필요한 유산소운동과 무산소운동을 알아보자.

먼저, 유산소 운동이란 생명 활동에 필요한 물질이나 에너지를 산소를 통해 얻는 운동이다. 지방과 글리코겐을 완전 연소 시킬 수 있는 강도의 운동이다. 특별히 하는 방법은 정해져 있지 않다. 젖산이 생성되는 이하 강도의 모든 운동을 말한다. 산소 요구량을 높이기 위해 일반적으로 몸 전체를 사용하는 운동이다. 더 쉽게 표현하면 숨차서 더 이상 못하겠으면 유산소운동, 아파서 더 이상 못하겠으면 무산소운동이다.

유산소운동은 지방을 연소시키는 데 효과가 있어서 다이어트에 가장 좋은 운동이다. 또한 심폐지구력 향상에 큰 효과가 있다. 유산소 운동의 종류는 걷기(파워 워킹), 등산, 달리기(조깅, 마라톤), 수영, 자전거, 줄넘기, 에어로빅 과 같은 것이다. 무산소운동과 유산소운동의 선후는 근육의 피로도에 따라 운동하면 된다. 아니면 무산소운동과 유산소운동의 간격을 조정해 적당한 시간 간격으로 하면 더욱 좋다.

다음은 무산소운동이다. 무산소운동을 흔히 웨이트 트레이닝이라고 한다. 무산소운동은 운동에 사용되는 에너지 공급에서 산소가 별로 사용되지 않는 운동이다. 반대말은 유산소 운동이다. 유산소 운동은 숨이 차서 못하지만 무산소운동은 근육이 아파서 못하는 운동이다. 쉽게 표현하면 근육을 한계까지 쥐어짜는 운동이다.

무산소운동 즉 웨이트 트레이닝의 가장 대표적인 운동에는 세 가지가 있다.

스쿼트(squat)는 하반신 운동의 왕도로 기본 중에 기본 운동이다. 다양한 변형 종류가 존재할 정도로 인기가 많다. 맨 손과 기구를 사용하여 무릎 관절을 굽혔다 펴는 행동을 반복함으로써, 하반신의 대퇴사두근과 하퇴삼두근, 대둔근, 중전근과 같은 근육을 성장시키는 운동이다. 하체의 근육량 증가에 커다란 효과가 있다.

데드리프트(Deadlift)는 바닥에 놓인 바벨을 잡고 팔을 구부리지 않은 자세로 엉덩이 높이까지 들어 올리는 식의 운동이다.

벤치 프레스(Bench Press)는 벤치에 등을 대고 누워서 역기를 가슴 높이까지 내렸다가 굽힌 팔꿈치를 쭉 펴면서 들어 올리는 방식의 운동이다.

모든 운동은 1단계는 목적에 맞는 운동양식을 선택한다. 2단계는 운동 강도를 결정한다. 3단계는 운동 시간을 결정한다. 4단계는 운동 빈도와 기간을 결정하는 운동 프로그램이 있다. 또한 운동에도 순서가 있다. 운동은 준비 운동, 본 운동, 정리 운동의 순으로 해야 한다.

둘째, 여가 활동이다.

여가는 사람이 자연적 생리적 욕구의 충족을 위해서 필요한 시간 및 노동이나 의무로부터 벗어나 갖는 자유 시간이다. 여가의 가장 효과적이고 즐거운 것은 스트레스에서 벗어나는 것이다. 여가 활동은 자발적인 개인 의사에 따라 자기개발 및 자아실현, 또는 자기발전을 위한 필요기능을 충족시켜주는 활동이다. 개인적인 차원에서 보면 신체적, 정신적 건강 증진, 스트레스 해소, 노동의 재창조를 통해 자아실현과 개인의 발전을 가져온다. 사회문화적 차원에서 보면 사회집단의 응집력 강화와 사회적 통합 유지를 통해 사회 개혁과 문화적 창조성을 실현한다. 건전한 여가활동은 보다 나은 생활을 창조한다.

■ 효과적인 여가활동 방법

01. 여가를 꼭 필요한 시간으로 인정하고 전략적으로 이용하는 마인드를 갖는다.

02. 여가를 즐기면서도 새로운 발상과 영감을 얻을 수 있는 문제의식을 갖

는다.

03. 자신에게 맞는 여가활용 방법을 개발한다.

04. 스포츠와 여행을 즐긴다.

셋째, 커뮤니케이션이다.

커뮤니케이션은 두 사람 이상의 사이에서 언어·비언어적인 수단을 통하여 생각이나 감정, 사실, 신념 태도와 같은 것을 공유하는 과정이다. 즉 내가 가지고 있는 정보를 다른 사람에게 전달하고 상대방이 반응하는 상호작용 과정이다.

■ 커뮤니케이션 원칙

하나, 명료해야 한다.

정확한 의사전달에는 그 의미가 명확해야 한다. 가능한 어려운 단어나 복잡한 배경 설명, 어색한 문장구조, 불필요한 전문용어, 지나친 미사여구와 같은 것은 피해야 한다.

둘, 일관성이 있어야 한다.

최초의 커뮤니케이션이 전달되는 과정에서 수정이 번복되거나 가감으로 일관성을 잃게 되면 안 된다.

셋, 타임이 맞아야 한다.

아무리 좋은 커뮤니케이션이라 할지라도 적절한 시기와 시간을 맞추지 못하면 불필요한 것이 된다.

넷, 적당한 양이다.

과대한 양과 짜증스러울 정도의 회수로 커뮤니케이션을 하는 것은 오히려 역효과가 일어난다.

다섯, 관심과 수용하는 마음이다.
커뮤니케이션은 그것의 관심과 그것을 받아들일 수 있는 가능성이 있을 때에 그 가치가 있다. 수용에도 어떠한 조건과 권위가 배제되어야 한다.

■ 효과적인 의사소통 방법 3가지

하나, 적극적 청취이다.
깊은 수준의 대화는 상대방의 이야기를 진지하게 잘 경청해야 한다. 충분히 이해하고 이해의 바탕 위에서 나의 의견을 이야기하고, 상대방 역시 진지하게 잘 경청해줄 때 의사소통이 된다.

둘, 공감하기이다.
상대방의 말 속에 깔려있는 감정, 사고, 신념을 포착하고, 상대방의 말을 상대방의 관점과 입장에서 이해하려는 태도를 갖는 것이다.

셋, 자기 표현하기이다.
자기표현 하기는 자신의 내면적 상태를 다른 사람에게 잘 전달하는 것이다. 자기표현이 미숙한 사람은 상대방 앞에서는 무관심한 듯한 행동을 하거나 오히려 속마음과 상반된 행동을 하여 인간관계를 발전시키지 못한다.

다음은 대표적으로 무익한 것에 대해 알아보자.

첫째, 비만이다.

비만(obesity) 또는 비만증(adipositas)은 사람의 몸무게가 지나치게 나가는 것을 통틀어 말한다. 세계보건기구(WHO)에서 정한 체질량 지수(BMI: Body Mass Index)가 30 이상인 경우는 비만증이다. 비만이면 체중이 정상치보다 많이 나가는 것이다. 체중이 그다지 많이 나가지 않더라도 몸의 구성 성분 중 체지방 비율이 높은 것도 비만이다. 비만은 그 자체로는 문제가 되지 않는다. 그러나 문제는 비만으로부터 야기될 수 있는 사회적 장애와, 과다한 지방으로 생기는 2차적인 합병증이다. 비만은 고지혈증, 고혈압, 동맥경화, 당뇨병, 지방간, 관절 이상의 발생 비율을 현저하게 증가시킨다.

우리 몸은 지방을 에너지 저장원으로 택하여 1그램당 9킬로칼로리의 높은 에너지 효율을 가지고 있다. 탄수화물과 단백질은 1그램당 4킬로칼로리 밖에 에너지를 내지 못한다. 우리 몸은 한정된 육체 속에 더 많은 에너지를 저장하려면 에너지 효율이 높은 지방을 선택해야 되고, 생존을 위해 지방은 아낀다. 이렇게 지방 친화적으로 발달한 인간의 몸이 단시간 내에 바뀌지 않는다. 오늘날 많은 사람들은 지방을 줄이는 데 어려움을 겪고 비만이 되고 있다. 비만은 새롭게 부각된 건강위험 요인이다. 가공식품 섭취의 증가와 영양의 과잉섭취, 신체활동의 부족과 같은 일상생활 방식이 변화하면서 발생한다. 생활습관인 흡연이나 음주와는 달리 비만은 경제발전과 생활방식의 변화와 맞물려 발생하는 구조적 현상으로 개선이 쉽지 않다. 한국의 경우, 아직은 선진국만큼 비만율이 높지 않지만 향후 악화될 가능성이 크다.

2015년 8월 보건복지부·질병관리본부가 발표한 국민건강영양조

사이다.

한국인의 비만율은 2007년 31.7%에서 2013년 31.8%로 큰 변화 없이 최근 6년간 30% 수준을 유지하고 있다. 국내 비만인구는 무려 32.7%에 달한다. 비만율은 남자(37.6%)가 여자(25.1%)보다 더 높다. 연령별로는 40대와 50대, 60대의 비만율이 상대적으로 높다. 비만율의 변화 추이는 연령대별로 달리 나타나는데, 30대의 비만율은 높아지고 50대와 60대의 비만율은 낮아지고 있다.

한국은 비만을 신장과 체중의 비를 의미하는 체질량지수 25 이상으로 규정하지만, 국제적으로는 체질량지수 30을 초과할 때 비만으로 분류한다. 이 기준에 따라 남성의 비만율은 미국(33.9%), 호주(28.4%), 캐나다(26.2%), 영국(26.0%)과 같은 나라가 비교적 높은 수준이다. 독일(17.1%), 프랑스(14.5%)은 낮은 수준이다. 한국은 5.1%로 선진국들에 비해 매우 낮은 수준이다. 그러나 서구식 생활방식이 더 확산될수록 비만의 위험성이 크다.

■ 비만 예방법

01. 천천히 먹어라.

02. 곡물류, 야채 및 채소류, 해산물과 같은 것을 골고루 섭취해라.

03. 잘 때는 배를 비워라.

04. 빨리 걷기, 달리기와 같은 유산소운동을 하라.

05. 과식을 피하라.

06. 하루 8잔정도 물을 마셔라.

07. 체질량지수(BMI)를 항상 체크하라.

둘째, 흡연이다.

흡연은 담배를 태워서 연기를 흡입하고 내뱉는 행위다. 담배를 피우면 담배에 들어있는 니코틴이 허파로 들어와서 몸 안으로 흡수된다. 흡연은 가장 보편화된 약물 사용이다. 현대 사회에서 담배를 피우는 일은 일상화되어 있다. 소수의 사람은 대마초나 아편을 피우기도 한다. 흡연은 모두 중독성이 있다. 기원전 5천 년 전부터 세계 여러 문화에서 흡연이 이루어져 왔다. 초기의 흡연은 샤먼이나 성직자가 치르는 종교 의식의 하나였다. 유럽의 대항해 시대를 거쳐 아메리카를 정복한 후 담배를 피우는 문화는 전 세계로 빠르게 퍼져나갔다. 인도와 사하라 이남의 아프리카는 대마초를 피우던 기존의 흡연 문화와 혼합되었다. 한국은 임진왜란 이후에 들어왔다. 인조실록에 따르면 1616년경에 더러 담배를 피우는 사람이 있었고 1621년 전국으로 퍼졌다고 한다. 김홍도의 『타작도』에 지주가 담배를 피우며 타작을 감독하고 있다.

현대 의학의 연구에 따르면, 담배를 피우면 폐암, 심근경색, 만성 폐부전 및 신생아의 선천성 장애를 일으킨다고 한다. 이러한 까닭에 많은 나라에서 담배에 높은 세금을 부과하고 금연 운동을 펼치고 있다. 여러 나라는 공공장소에서 흡연을 금지하고 있다. 한국은 2015년 2월 이후부터 금연에 관한 상담료, 각종 약물과 같은 것에 대해 국민건강보험이 적용되고 있다. 흡연은 자신과 주변인의 건강을 해치는 나쁜 습관이며, 중독성 질환이다. 담배와 담배연기에는 중독을 일으키는 니코틴을 포함하여 69종의 발암 물질과 7,000종 이상의 화학물질이 포함되어 있다. 그 중에는 벤젠, 벤조피렌, 페놀과 같이 잘 알려진 발암물질과 청산가스, 비소와 같은 독극물이 포함되어 있다. 담배 연기 속에 포함되어 있는 각종 유독성 물질과 발암물질로 인해 담배 피우는 사람들은 피우지 않는 사람들에 비해 전반적으로 건강하지 못하고 일찍 질병에 걸려 사망하게 된다.

평소에 담배를 피우지 않는 사람에 비해 피우는 사람에게서 나타나는 증상이 있다.

■ 흡연자에게 나타나는 증상

01. 더 자주 피로를 느낀다.

02. 더 자주 불면증에 시달린다.

03. 감기도 더 자주 걸리고, 일단 걸리면 더 오래 앓는다.

04. 정밀작업에 부적합하다.

05. 잇몸병도 더 많고, 입에서 냄새가 난다.

06. 성욕의 감퇴가 더 일찍 온다.

07. 소화불량이 더 많다.

08. 폐활량이 적다.

09. 주위가 항상 불결하다.

흡연으로 인한 인류의 사망률을 살펴보면 20세기에 담배로 인해 약

1억 명이 사망했다. 현재의 남성 사망의 16%, 여성 사망의 7%는 담배가 원인이다. 흡연율이 현재의 추세로 지속된다면 21세기에는 약 10억 명이 사망한다고 한다. 세계보건기구(WHO) 담배규제기본협약의 보고서에 따르면 한국은 2012년 30년 이상 모든 사인에 의한 사망자 26만 명 중 흡연으로 인한 질병 사망은 남자가 34.7%(49.704명), 여자는 7.2%(8,451명)라 한다. 질환별 흡연 사망자 남자는 폐암이 8,881명, 뇌졸중 3,563명, 허혈성 심장질환 3,256명, 자살 2,836명 순이다. 여자는 폐암이 887명, 허혈성 심장질환 602명, 뇌졸중 585명, 당뇨병 553명 순이다.

흡연자들은 수명이 10년 단축된다. 40세 이후 금연 시 90% 정도의 생명단축 위험을 감소시킬 수 있다. 60세 정도에 금연을 시작해도 40% 정도의 수명단축 위험을 줄일 수 있다. 하루 한 갑 이상 담배를 피우는 남성은 비흡연자에 비해 폭음하는 비율이 4배 높다. 흡연자는 비흡연자에 비해 후두암에 걸릴 위험이 6.5배, 폐암은 4.6배, 심장병은 2.2배 높다. 흡연은 백해무익하다. 흡연을 하는 시니어들은 당장 금연을 하도록 권한다. 흡연자가 스스로 금연하기가 힘들면 한국건강증진개발원 국가금연지원센터의 도움을 받으면 된다.

셋째, 스트레스(stress)이다.

나날이 복잡해지는 사회구조와 과도한 업무 및 학업, 대인관계에서 오는 어려움과 같은 것으로 인하여 현대인들은 누구나 스트레스를 경험하며 산다. 스트레스를 제대로 관리하기 위해서는 먼저 스트레스에 대해 알아야 한다. 스트레스라는 말은 19세기 물리학 영역에서 '팽팽히 조인다'라는 뜻의 라틴어 스트링거(stringer)에서 기원되었다.

의학계는 20세기에 이르러 오스트리아 출생의 캐나다 내분비학자 한스 셀리에(Hans Selye)가 '스트레스는 정신적 육체적 균형과 안정을 깨뜨리려고 하는 자극에 대하여 자신이 있던 안정 상태를 유지하기 위해 변화에 저항하는 반응'으로 1936년 〈네이처〉지에 최초로 논문 발표를 했다. 처음에 셀리에는 스트레스 반응을 순전히 호르몬 반응으로 생각했다.

현재는 신경 전달 물질이 부신피질 자극호르몬(ACTH)의 분비를 규제하는 신경 호르몬의 분비를 지배하며, 이 부신피질 자극호르몬이 스트레스 반응을 일으킨다는 학술적 결론이다. 학자들은 연구를 통해 심장병과 모든 종류의 심장 관련 질환, 염증성 질환, 알레르기 반응들, 거기다 보통 감기 같은 전염병들 중에서 스트레스 인자를 확인하게 되었다. 소화불량, 비만, 성 기능 장애에 이르기까지 다양한 종류의 심신 장애들은 스트레스와 관련이 있다.

스트레스는 긍정적 스트레스(eustress)와 부정적 스트레스(distress)로 나눌 수 있다. 당장에는 부담스럽더라도 적절히 대응하여 자신의 향후 삶이 더 나아질 수 있는 스트레스는 긍정적 스트레스이다. 자신의 대처나 적응에도 불구하고 지속되는 스트레스는 불안이나 우울과 같은 증상을 일으킬 수 있는 경우는 부정적 스트레스이다. 적절한 스트레스는 우리의 생활에 활력을 주고 생산성과 창의력을 높여 준다. 스트레스에는 긍정적 혹은 부정적 생활사건 모두가 포함될 수 있으나, 주로 부정적 생활사건과 관련된 스트레스를 일반적으로 스트레스라 한다. 스트레스를 부정적으로 받아들이면 결국 질병이 된다. 긍정적으로 받아들이면 생산적이고 행복해진다. 긍정적 스트레스의 경우 생활의 윤활유로 작용하여 자신감을 심어 주고 일의 생산성과 창의력을 높여 준다. 스트레스를 좋은 스트레스로 받아들이는 것이 건강, 행복, 성공의 열쇠가 된다.

스트레스 해소 방안이 있다.

먼저 나에게 스트레스를 주는 것이 무엇이며 그것에 대해 감정적으로 또 육체적으로 어떻게 반응하는지를 파악하며, 자신의 고민거리를 찾아내야 한다.

다음은 스트레스의 원인을 완전히 피하거나 제거하고, 원인을 변화시키고, 스트레스의 강도를 줄이고, 스트레스에 노출 되는 기회를 줄인다.

끝으로 일상생활에서 바람직한 방향으로 변화해야 한다.

■ 바람직한 일상생활

01. 밝고 적극적인 기분으로 생활한다.

02. 신체 상태를 최상의 컨디션으로 유지한다.

03. 숙면을 취하며 다음날을 대비한다.

04. 스트레스가 증가되면 비타민이나 미네랄과 같은 소모량이 많아지므로 충분히 섭취한다.

05. 휴식시간을 갖고 마음을 편하게 긴장을 풀고 기분 전환을 한다.

06. 휴일에는 여행이나 등산, 운동과 같은 것으로 일을 잊어버리도록 한다.

07. 긴장이 점점 고조되고 있다고 느껴질 때는 대화할 수 있는 사람을 찾아본다.

08. 상대방의 입장에서 생각해보고 이해하도록 한다.

09. 자신의 인생과 삶에 대하여 좀 더 낙관적인 생각을 갖도록 노력한다.

10. 심호흡을 하면서 근육을 이완시킨다.

11. 스트레칭, 빨리 걷기와 같은 적절한 운동을 30분 정도 한다.

12. 20~30분 명상을 한다.

13. 혼자서 고민하지 말고 신뢰할 만한 사람과 상담을 한다.

우리 삶속에는 한 가지 목표를 향해 가는데 방해하는 요소가 많다. 먼저 해야 하고 중요한 것에 관심을 쏟아야 하는데 이를 방해하는 습관이 많다. 그래서 잊어버리고 포기를 해야 한다.

우선해야 할 일보다 하지 말아야 할 일을 정해야 한다. 능력이 없는 사람일수록 많은 것을 한다. 최고가 되기 위해서는 먼저 하지 말아야 할 것을 정하고, 해야 할 일에 자기가 가진 모든 것을 쏟아 부어야 한다. 그러면 그 분야에서 최고가 된다. 꼭 해야 할 일을 하려면 방해 요소가 발목을 잡을 때가 많다. 삶의 목표를 이루는 것에 어떤 거창한 이론이 있는 것이 아니다. 꼭 해야 할 일을 알고 그것을 방해하는 요소를 찾아 해결하는 것이 성공하는 삶이다. 이런 삶이 시니어의 건강하고 행복한 노후 삶이다.

영국 총리를 두 번 역임한 정치가 존 러셀(John Russell)의 말이다.

"행복은 인생의 가장 큰 행운인 동시에 인생의 가장 큰 시련이다. 불행은 인생의 더욱 큰 시련이다. 용감한 사람은 비애로부터 벗어날 수 있고, 인생의 새로운 오아시스를 찾아낼 수 있다."

이기는 습관

"오늘의 맑은 이아침, 이 순간에 그대의 행동을 다스리라. 순간의 일이 그대의 행동을 결정하라. 나쁜 습관을 버리고 좋은 습관을 가져야 한다. 오늘 그릇된 한 가지 습관을 고친다는 것은 새롭고 강한 성격으로 출발한다는 것을 의미한다. 새로운 습관은 새로운 운명을 열어줄 것이다."

오스트리아의 시인 라이너 마리아 릴케의 말이다.

습관은 어떤 행위를 오랫동안 되풀이하는 과정에서 저절로 익혀진 행동 방식이다. 심리적으로는 학습된 행위가 되풀이되어 생기는 비교적 고정된 반응 이다. 주기적으로 반복되는 식사나 수면 형태, 풍속이나 문화와 같은 관습도 폭넓은 의미에서는 습관에 포함된다. 습관은 자동적으로 반복되는 행위라는 점에서 의도적 반응과 구별되고, 습득된 행위라는 점에서 선천적 반응과도 다르다.

세상에는 성공하는 습관과 실패하는 습관이 공존한다. 성공하는 사람과 실패하는 사람이 함께 존재하는 것과 같다.

미국 경제전문지 포브스는 학생, 교수, 기업가와 같은 다양한 나이, 직위, 직업을 가진 500명을 대면 조사해 '성공을 막는 13가지 습관'을 찾았다. 13가지는 맞춤법 실수, 행동에 앞서는 말, 성급한 결정, 불평 불만, 허풍떨기, 남 탓하기, 요령 찾기, 열정 있는 척하기, 목적 없이 살기, 부탁 다 들어주기, 인생 쉽게 생각하기, 생각 없이 행동하기, 현실 부정하기다. 철자를 틀리기와 같은 사소한 맞춤법 실수가 성공을 가로막는 첫 번째 습관이라고 포브스는 지적했다. 문법 실수는 글쓴이 가 교육을 받지 못했고 사소한 것에 신경을 쓰지 않는다는 느낌을 준 다는 것이다. 허풍을 떠는 것도 나쁜 습관으로 꼽았다. 과도한 기대를 갖게 하면 실망도 큰 법이기 때문이다. 본인이 할 수 있는 것을 말하고 그 기대를 만족시키는 것이 주변 사람들에게 좋은 인상을 준다. 사소 함의 1%가 99%를 망쳐버린 사례는 무수히 많다. 명품과 졸품의 차이 역시 사소한 1%가 결정한다. 포브스는 작은 습관들이 성공에 큰 장애 가 된다는 것이 놀랍다며, 쉽게 저지르는 13가지 습관을 깨닫는 것이 성공을 도울 것이라고 했다.

반면에 스티븐 코비는 성공하는 사람들의 7가지 습관을 정리했다.

■ 성공하는 사람들의 7가지 습관

01. 주도적이 되어라. 자신의 삶에 책임을 가져라.

02. 목표를 확립하고 행동하라. 사명과 삶의 목표를 정하라.

03. 소중한 것을 먼저 하라. 일의 우선순위를 정하고 가장 중요한 것부터 먼 저 하라.

04. 상호 이익을 모색하라. 모든 사람이 이길 수 있다는 태도를 가져라.

05. 경청한 다음 이해시켜라. 다른 사람의 말을 진심으로 들어 주어라.

06. 시너지를 활용하라. 더 많은 성과를 거두기 위해 함께 협력하라.

07. 끊임없이 쇄신하라. 규칙적으로 자신을 새롭게 하라.

공자의 말이다.

"과즉물탄개(過則勿憚改). 잘못을 고치는 것을 망설이지 말라."

성인이 되고 나이가 들면 진정한 충고를 받을 기회가 많지 않다. 또한 나이가 들면 허물을 고치기는 점점 더 어려워진다. 허물이 있으면 버리기를 두려워하지 말고 버려야 한다.

'어떤 이가 작은 습관을 하나 만들었다. 그는 그것을 늘 끌고 다녔다. 그 습관이 자라서 큰 습관이 되었다. 지금 그는 그 습관에 끌려 다닌다.' 이규경 저서 『짧은 동화 긴 생각』의 내용 중에 나오는 이야기다. 나쁜 습관 하나가 인생을 얼마나 잘못된 곳으로 끌고 갈 수 있는지를 설명하고 있다.

우리의 성품은 근본적으로 습관의 복합체다.

"우리가 생각의 씨앗을 뿌리면 행동의 열매를 얻게 되고, 행동의 씨앗을 뿌리면 습관의 열매를 얻는다. 습관의 씨앗은 성품을 얻게 하고, 성품은 우리의 운명을 결정짓는다."라는 격언이 있다.

경제전문지 포브스가 소개한 백만장자들의 6가지 습관이다.

■ 백만장자들의 6가지 습관

01. 실수로부터 배운다.

02. 가치 있는 것을 찾는다.

03. 자신만의 영역을 확고히 한다.

04. 돈은 제대로 쓴다.

05. 푼돈을 아낀다.

06. 스스로를 믿는다.

사소한 습관이 성공을 막고, 사소한 습관이 성공의 문을 활짝 열어준다. 실패자는 언제나 결심만 한다. 사소한 습관을 바꾸려는 실천이 필요하다.

시니어의 오후반 인생에 꼭 필요하고 반드시 실천해야할 이기는 습관이다.

첫째, 인사하는 습관이다.

인사는 사람 인(人)과 일 사(事)로 사람이 섬기면서 일을 한다는 의미다. 인사는 많은 예절 가운데서도 가장 기본이 되는 표현이다. 인사는 인간관계의 첫 걸음으로 친한 사람일수록, 나보다 더 윗사람일수록 더 잘해야 한다. 인사는 상대방을 인정하고 존경하며 반가움을 나타내는 예절이다. 여러 사람과 더불어 명랑한 생활을 보내고 즐거운 관계를 가지기 위해서는 먼저 인사를 통해 존경과 친밀의 마음을 표시해야 한다. 인사는 사회생활에서 서로의 마음을 열게 하는 가장 효과적인 방법이다. 우리나라는 예로부터 인사를 잘하고 못하는 것으로 사람의 됨됨이를 가름해 왔다. 그래서 인사성이 밝은 아이를 보면 "아무 개의 아들은 사람이 됐어."하고 그의 부모까지 칭송했다. 인사가 예절의 척도였던 것이다. 보통 아이가 돌이 지나고 걷기 시작하면 인사부터 가르쳐주는 것이 일례이다. 흔히 배꼽인사라고 한다.

인사는 자신의 인격과 이미지를 완성하는데 매우 중요한 역할을 한다. 주변 어른들께 인사를 안 하면 "싸가지 없는 놈"이라고 한다. 인사가 주는 이미지는 첫 인상에서 매우 중요하다. 여기서 인사가 주는 효과는 그 사람의 인격과 교양을 외적으로 나타내는 것이다. 또 다른 의미로는 인사가 상대에게 감사와 존경을 표현하는 것이다. 우리에게 오랫동안 자리매김한 인사는 외국인 시선에선 낯설게 느껴진다. 패스트푸드점이나 가까운 식당만 들어가도 종업원의 인사는 음식점에 대한 첫 인상이다. 종업원의 인사는 고객에 대한 봉사 정신의 표현이다.

인사를 하는 사람이 기분이 좋고, 잘 웃어야 받는 사람도 기분이 좋게 전달된다. 인사는 밝은 목소리로 인사말을 분명하게 해야 한다. 여성의 경우 조금 허스키하거나 낮은 목소리는 톤을 올려 인사하는 방법이 좋다. 최대한 밝은 표정으로 인사해야 한다. 밝은 표정으로 인사하는 것은 상대의 경계심을 풀어주는 제일 좋은 방법이다. 특히 첫인상이 결정이 되는 시간이 5초에서 15초라는 점을 감안할 때 밝은 표정으로 인사하는 사람이 더 좋은 이미지를 주고 상대에게 각인이 된다.

인사의 방법에는 가벼운 인사, 보통 인사, 정중한 인사, 목례, 공수법 인사, 반절, 평절, 큰절과 같은 것이 있다.

인사는 한 존재에 대한 인정이자 존중의 표현이다. 어떠한 경우라도 인사는 모자라는 것보다 지나친 것이 낫다. 상대방에게 나를 각인시키는 가장 좋은 방법이다. 인사는 자기를 낮추는 행위가 아니라 높이는 것이다. 먼저 인사하는 습관을 갖자.

둘째, 웃는 습관이다.

"나는 나를 웃게 하는 사람들을 사랑한다. 솔직히 내가 가장 좋아하는 것은 웃는 것이다. 웃음은 수많은 질병들을 치료해준다. 웃음은 아마도 사람에게 가장 중요한 것이리라."

대장암으로 타개한 영국의 배우이자 인도주의자 오드리 햅번의 말이다.

웃음의 사전적 의미는 쾌적한 정신활동에 수반된 감정반응이다. 웃으면 복이 온다, 오래 산다, 살이 빠진다, 암도 이긴다와 같은 것은 웃음이 우리에게 가져다주는 효과다. 이미 많은 연구에서 긍정적이라고 판명이 났고 생각했던 것보다 큰 효과를 가져다준다. 웃음은 단순히 행복하거나 즐거워서 나타나는 인간만의 감정표현이 아니다. '웃음이 넘친다.'라는 말은 곧 행복하게 산다는 것이다. 웃음과 행복은 불가분의 관계다.

웃음은 신체적으로 어떤 영향을 주는 정신 활동이다. 우리 몸은 스트레스를 받거나 고통을 받으면 엔도르핀(endorphin)이란 호르몬을 분비한다. 이는 모르핀(morphine)의 200배에 해당하는 성능의 마약 성분과 같다. 엄청난 효력을 가진 진통제다. 우리가 짜릿하고 위험한 스포츠를 즐길 때, 힘든 운동을 할 때 이 엔도르핀이 분비 돼 고통을 잊고 즐거워한다. 또한 출산을 할 때도 엔도르핀이 분비돼 엄청난 출산의 고통을 이길 수 있게 해준다. 심지어 죽기 직전에도 엔도르핀이 분비된다. 웃음은 이런 엔도르핀의 분비를 촉진 시킨다.

웃으면 기분이 좋아지는 이유가 있다. 웃음이 엔도르핀의 분비를 도와 스트레스를 해소하고 기분을 좋게 만든다. 만병의 근원인 스트레스를 해소시켜 주는 것만으로도 웃음은 건강에 지대한 영향을 미친다. 또한 웃으면 살이 빠진다는 연구 결과는 웃음이 정신적인 부분만이 아니라 신체에도 직접적으로 영향을 미친다. 사람이 웃을 때 수백 개의 근육과 뼈와 함께 오장육부가 모두 움직이게 된다. 또한 웃는 동안은 산소공급량이 배로 증가해 유산소운동효과도 있다. 영국의 심리학자 로버트 홀덴의 연구에 따르면 1분 동안 호탕하게 웃는 것은 10분 동안 에어로빅이나 조깅 혹은 자전거를 타는 효과가 있다고 한다. 게다가 전체적인 비만보다 부분비만이 많은 요즘 웃음 다이어트가 효과적으로 작용한다.

현대에는 웃음이 인간의 수명에 간접적으로 영향을 준다는 연구 결과가 있다. 하루 한 번 웃으면 수명이 이틀 늘어난다. 한자 성어 중에 '일소일소 일노일노(一笑一少 一怒一老). 한번 웃으면 그만큼 젊어지고 한

번 화내면 그만큼 늙는다.'는 말도 있다.

실제로도 우린 시험에 떨어지거나, 누군가에게 속았을 때, 예상치 못한 안 좋은 일이 일어났을 때 쓴웃음을 짓는다. 엄청난 스트레스를 유발하게 됐을 때 웃음으로써 엔도르핀 분비를 촉진시켜 스트레스를 해소한다. 과도하게 힘들거나 슬픈 상황에서 헛웃음으로 웃는다. 억지로 웃어도 자연스런 웃음의 90%에 해당하는 효과를 낸다. 웃음은 현재 감정과는 관계없이 우리 몸에 유리한 쪽으로 작용한다. 웃음은 우리에게 긍정적인 영향을 주는 것은 분명하다.

보통 나이를 먹고 경험이 많아질수록 웃음이 적다. 그만큼 사고가 복잡해지고 걱정거리들이 많아진다는 뜻이다. 아이들에게 웃음이 많은 이유가 있다. 소유하고 있는 정보가 별로 없으며, 아이들이 접하는 정보는 모두 새롭기 때문이다. 이에 웃음이 끊이지 않는다. 아이들처럼 자연스런 웃음은 힘들더라도 가끔은 기분도, 건강도 좋아지도록 억지로라도 웃어야 한다. 웃음은 정신심리학적 질환, 신경계통 질환, 심장혈관계 질환, 만성폐쇄성 폐질환, 건강한 노년과 같이 향상되는 효과가 크다. 신경전달물질인 도파민은 우리가 웃을 때 기분을 좋게 만들어주는 역할을 한다. '웃음은 만병통치약'이라는 말은 빈 말이 아니다.

결론적으로 웃음은 긍정 에너지를 발산한다. 웃음은 돈 안 드는 보약이다. 웃음 있는 곳에 가난도 없다. 웃음은 삶의 질을 높여주는 지름길이다. 웃음은 마음의 표현이다. 웃는 습관을 갖자. 웃는 얼굴에 침 못 뱉는다.

셋째, 성실의 습관이다.

"성자물지종시 불성무물(誠者物之終始 不誠無物). 성실은 사물의 시작이요, 또한 끝이다. 성실성이 없으면 세상에 되는 일이 하나도 없다."

중용 25장에 나오는 공자 손자인 자사의 말이다.

세상의 모든 것은 성실을 통해 이루어졌다. 성실을 통해 존재하고, 발전해 간다. 성실은 우주의 원리이며 인생의 원리다. 성실이 없다면 그 어떤 존재도 없다. 성실은 인생의 근본이요, 도덕의 근간이다. 성실성이 없는 사랑은 참된 사랑이 아니다. 성실성이 없는 우정은 오래가지 못한다. 성실성이 없는 대화는 참된 대화가 아니다. 성실성이 없는 인간관계는 진실한 인간관계가 아니다. 성실성이 없는 사람은 믿을 수가 없다.

성실은 모든 곳에서 중요하게 작용한다. 대학교에 입학할 때, 입사 면접을 볼 때와 같은 많은 곳에서 성실성을 살펴본다. 성실성은 한 사람의 인성을 파악할 수 있는 좋은 요소다. 성실하지 않은 사람은 무엇이든 제대로 하지 못한다.

주식투자로 세계적인 명성과 부를 얻은 워렌 버핏은 인재를 뽑을 때 크게 3가지 특성을 살펴본다. 바로 인재의 성실, 에너지, 지능 세 가지다. 워렌 버핏은 이 세 가지 요소 중 가장 중요하게 생각하는 것이 바로 성실이다. 성실함이 없다면 나머지 두 요소는 무용지물이라고 말할 정도로 성실의 중요성을 강조하고 있다. 워렌 버핏이 꾸준하고 높은 수익

률을 올리는 것도 바로 성실함에 있다. 버핏은 한 분야의 전문가가 되기 위해서는 다른 사람보다 5배의 책을 더 읽으라고 주문하고, 본인도 이 성실의 습관을 스스로 지키고 노력한다. 이는 성공하기 위해서는 책이나 신문, 잡지와 같은 것을 꾸준한 인내심과 성실한 습관을 가지고 읽으면서 세상이 어떻게 돌아가는지 보는 눈을 기르라 것이다.

우리가 살아가면서 가장 중요하다고 생각되는 것이 바로 성실이다. 사람이 지식을 배우고 지혜를 쌓아 나가는 것도 중요하지만 먼저 해야 할 것은 자기 자신의 성실이다. 이 세상에서 제일 중요한 시간은 바로 지금이고 현재일 수밖에 없다. 과거는 이미 지나가 버린 시간이며, 미래는 아직 오지 않은 시간이다. 내가 사용할 수 있는 시간, 내가 지배할 수 있는 유일한 시간은 오직 현재다. 우리는 현재를 성실하게 살아야 한다. 성실한 삶은 이기적인 삶이 아니다. 분열하고 투쟁하는 것은 성실한 삶이 아니다. 성실한 삶은 관용하는 삶이다. 인간관계도 성실함으로 관대하고 관용해야 한다. 자기 개인의 생활도 소박하고 꾸밈이 없이 부지런하고 성실해야 한다. 성실한 습관을 실천한 사람이 모든 분야에 큰일을 한다. 미국 건국의 아버지 벤자민 플랭클린, 링컨 대통령, 영국 수상 윈스턴 처칠, 미국의 철강 왕 카네기, 석유 왕 록펠러와 같은 이들이 대표적으로 성실한 습관을 실행한 사람이다.

정리하면 성실한 습관은 자기 자신에 대한 투자이자 약속이다. 성실한 습관은 자기 자신과 경쟁하는 것이다.

미국의 독립선언서를 기초한 건국의 아버지 벤자민 플랭클린 말이다.

"정직과 성실을 그대의 벗으로 삼으라."

넷째, 단정한 습관이다.

단정함이란 옷차림새나 몸가짐 따위가 얌전하고 바른 태도다. 단정함은 우리가 우리 몸을 적절하게 사용하는 방법을 배우고 실천하는 것이다. 단정하다면 부적절한 이목을 끌지 않게 된다. 단정함은 허영이나 자랑이 아니다. 단정한 사람들은 세상의 인정을 얻거나 이목을 끌겠다고 자신의 몸이나 행동하지 않는다. 단정한 모습과 행동은 자신의 정체성을 바르게 인지하고 올바른 것을 선택했다는 강력한 메시지를 전한다. 그래서 복장은 단정하고 생각은 순수하며 언어는 깨끗해야 한다. 단정한 옷차림을 하는 데 어려움을 겪는 것 중 하나는 유행과 사회적 인식이 자주 바뀌는 것이다. 세상의 유행을 따를 필요는 없다. 자신의 정체성과 신념과 자신감 만 있으면 된다.

단정한 외모와 행동을 하면 세상의 파괴적이고 유혹적인 영향력으로부터 보호 받는다. 단정한 외모는 정성을 동반함으로 주변 사람들의 기분을 좋게 한다. 동시에 더 많은 사람들과 돈독한 인간관계를 맺게 해 준다. 단정하지 못함은 상대방에게 좋지 않은 기분을 들게 하며, 무시당하는 느낌을 줄 수도 있다. 단정한 습관은 생각과 행동을 동반하는 동시에 인격을 나타낸다. 단정한 습관은 세속적인 것에서 자신을 지키고 아름다운 삶으로 인도한다.

정리하면, 첫 눈에 자신의 인상을 판가름해 주는 것은 용모와 옷차

림이다. 용모와 옷차림은 그 사람이 준비된 사람인지 아닌지를 보여준다. 단정함은 자신의 특질과 순발력과 기동력을 갖추는 것이다. 이미지가 좋은 사람이 성공할 확률이 높다. 단정한 습관은 시니어에게도 필요하며 실천에 옮겨야 한다. 생각을 조심하라. 생각은 말이 된다. 말을 조심하라. 말은 행동이 된다. 행동을 조심하라. 행동은 습관이 된다. 습관을 조심하라. 습관은 인격이 된다. 인격을 조심하라. 인격은 운명이 된다.

습관의 중요성과 인생을 사는 올바른 자세를 설명한 미국의 철학자 윌리엄 제임스의 말이다.

"생각이 바뀌면 행동이 바뀌고, 행동이 바뀌면 습관이 바뀌고, 습관이 바뀌면 인격이 바뀌고, 인격이 바뀌면 운명이 바뀐다."

삶의 풍경

마음이 조금 무겁다고 느낄 땐 거울을 한 번 들여다보자. 마음에도 다이어트가 필요하다. 세상을 살면서 사랑하는 일이 우선이다. 인생은 잠시 스쳐 지나가는 바람이기 때문이다. 우리는 이 세상에 잠시 소풍 온 사람들이다. 같이 웃고 같이 슬퍼해 줄 사람이 곁에 있다는 것만으로도 기쁘고 행복한 일이다. 인생이 아름다운 건 사랑이 있기 때문이다.

세상을 보는 안경 두 개가 있다. 사랑의 안경과 미움의 안경이다. 미움의 안경을 쓰고 보면 똑똑한 사람은 잘난체하는 사람으로 보이고, 착한 사람은 어수룩한 사람으로 보이고, 얌전한 사람은 소극적인 사람으로 보이고, 활력 있는 사람은 까부는 사람으로 보이고, 잘 웃는 사람은 실없는 사람으로 보이고, 예의 바른 사람은 얄미운 사람으로 보이고, 듬직한 사람은 미련하게 보인다. 사랑의 안경을 쓰고 보면 잘난체하는 사람도 참 똑똑해 보이고, 어수룩한 사람도 참 착해 보이고, 소극적인 사람도 참 얌전해 보이고, 까부는 사람도 참 활기 있어 보이고, 실없는 사람도 참 밝아 보이고, 얄미운 사람도 참 씩씩해 보이고, 미련한 사람도 참 든든하게 보인다.

우리 주변에서 흔히 듣는 말이다. '내가 왕년에는….' 이라는 말을 입에 달고 사는 사람이 적지 않다. '나에게도 기회가 올 거야'라는 말을 입에 달고 사는 사람 역시 적지 않다. 과거를 되돌아보고, 미래를 꿈꾸는 것은 잘못이 아니다. 문제는 그런 생각에만 매달려 '오늘을 소홀히' 하는 행동이다. 진정한 행복은 지금 가지고 있는 것과 지금 하는 일이다. 어제는 부도난 수표이고, 내일은 기약 없는 약속어음이며, 오늘만이 당장 쓸 수 있는 현금이다.

사람은 누구나 질 높은 삶을 살고 싶어 한다. 누구나 건강하게 장수하고 남의 존경을 받으며 한세상을 성공적으로 살다 가고 싶어 한다. 그런데, 그것이 자기 뜻처럼 이루어지기 힘들다. 현재의 디지털 시대에 성공하는 사람이 얼마나 될까? 가면 갈수록 성공의 길은 좁고, 속도는 더디며, 이루는 사람도 드물다. 그래서 사람들은 성공보다는 행복을 갈구한다. 작은 일에서 작은 행복을 만들고 찾는 것이다. 오후반 인생의 행복이란 무엇인가? 건강하게 삶의 질이 높은 생활을 하는 것이 시니어의 행복이다. 그래서 삶의 질을 높일 수 있는 방법을 찾아 노력한다면 행복한 생활을 할 수 있다.

시니어, 삶의 질을 높이는 일곱 가지 방법이 있다.

첫째, 건강해야 한다.

몸이 아프면 행복할 수가 없다. "재물을 잃으면 조금 잃은 것이요, 명예를 잃으면 많이 잃은 것이요, 건강을 잃으면 모두 잃은 것이다"란 말이 있다. 사람은 누구나 질병을 갖고 산다. 체질적, 유전적, 후천적으로 얻은 병으로 조금씩은 아프다. 그것을 잘 다스릴 줄 아는 것도 건강한 사람이다.

둘째, 경제적 곤궁에서는 벗어나야 한다.

가난은 사람을 겸손하게도 하지만 사람을 비굴하게 만든다. 몸과 마음을 병들게 한다. 가난은 자랑이 아니다. 가능하다면 정상적인 방법으로 경제적 곤궁을 벗어나야 한다.

셋째, 원만한 인간관계와 인맥을 구축해야 한다.

사회생활에서 사람들과 원만한 인간관계가 없는 사람은 불행한 사람이다. 인맥은 삭막한 현대사회에서 가장 가까운 이웃이 되어주고 외로움과 슬픔을 함께 한다. 진정한 인맥은 어려움을 걱정해주는 새로운 친척이며 형제와 같은 존재다.

넷째, 일을 해야 한다.

일의 가치를 깨닫고 만족할 줄 알아야 한다. 실직자가 행복할 수 없음은 물론이다. 목구멍이 포도청이라 코를 꿰인 채 끌려 다니는 직업을 가져서는 안 된다. 자기에게 맞는 일을 찾고 즐기는 자세가 중요하다

다섯째, 학습하는 습관을 가져야 한다.

알면 알수록 괴로운 것이 인생이지만 모르는 것보다는 아는 것이 훨씬 좋다. 얻은 지식에 수양을 더한다면 지식의 가치가 더욱 빛을 발한

다. 학습하는 습관에 취미 생활과 문화 활동을 더한다면 금상첨하다.

여섯째, 이웃을 위한 봉사활동을 해야 한다.

남을 도울 줄 아는 사람은 이미 행복한 사람이다. 봉사활동은 받는 사람보다 베푸는 사람에게 더 큰 행복을 준다. 이웃에게 봉사를 하는 사람의 삶은 이미 높은 수준에 올라 있다.

일곱째, 꿈과 비전을 갖고 달성해야 한다.

꿈과 비전이 없는 사람은 죽은 사람과 같다. 가슴이 설레는 꿈과 비전을 갖자. 그것을 달성하려고 진지하게 죽을 때까지 노력하는 사람은 질이 높은 삶을 살게 된다. 비록 내일 모레 이승을 하직하는 한이 있더라도 살아 있는 동안만큼은 꿈을 잃지 않고 노력하는 사람은 하루하루가 행복하다.

"심불좌언 친이불견 청이불문 식이불지기미(心不左焉 親而不見 聽而不聞 食而不知其味). 마음이 거기에 있지 아니하면 보아도 보이지 아니하며 들어도 들리지 아니하며 먹어도 그 맛을 모를 것이다."

유교경전의 사서(四書) 중 대학(大學)에 나오는 말이다.

마음이 바르지 아니하면 제대로 볼 수도, 들을 수도, 맛도 알지 못한다. 마음의 중심이 바르지 않으면 삶의 모든 것들이 흐트러진다. 먹어도 참맛을 모르는 삶, 들어도 무엇이 중요한지 모르는 삶, 보아도 어떤 것이 참된 것인지 모르는 삶은 끔찍한 삶이다. 하루를 살더라도 바른 마음으로, 바르게 생각하고, 바른 길을, 바르게 걸어가야 한다. 시니어에게 정심(正心), 정사(正思), 정도(正道), 정행(正行)을 가르쳐 주고 있다.

시니어가 오후반 인생에 지키고 실행해야할 12가지 도(道)가 있다. 이미 성실하게 실행하여 삶의 아름다운 모습을 보여주는 시니어도 많을 것이다. 그렇지 않다면 지금부터 성실히 실행하면 오후반 인생의 아름다운 풍경이 된다.

01	언도(言道)	말은 줄이고 소리는 낮추어야 한다.
02	행도(行道)	행동은 느리게 하되 행실은 신중해야 한다.
03	금도(禁道)	탐욕을 금하라. 욕심이 크면 사람이 작아 보인다.
04	식도(食道)	음식은 가리지 말고 골고루 잘 먹어야 한다.
05	법도(法道)	삶에 규모를 갖추는 것이 풍요로운 삶보다 진실하다.
06	예도(禮道)	젊은이를 대할 때도 예절을 갖추어야 한다. 대접만 받으려 하지 말아야 한다.
07	낙도(樂道)	삶을 즐기는 것은 욕망을 채우는 것이 아니다. 단순하고 진실한 삶에 낙이 있다.
08	절도(節道)	늙음은 아름다움을 잃는 것이 아니다. 절제하는 삶에 아름다움이 있다.
09	심도(心道)	인생의 결실은 마음가짐에서 나타난다. 마음을 비우면 세상이 넓어 보인다.
10	인도(忍道)	노인에게도 인내가 필요하다. 참지 못하면 추하고 망령이 된다.
11	학도(學道)	노인은 경험이 풍부하고 터득한 것이 많다. 그러나 배울 것은 더 많다.
12	품도(稟道)	노인은 천생으로 타고난 품성과 인품을 항상 지녀야 한다. 그것은 그간 갖추어온 기품이나 인격적 가치의 표시다.

요즘 유행하는 농담이다. 공자, 맹자, 노자 보다 나은 스승은 '웃자, 먹자, 살자'라고 한다. '건강하게 친구들과 잘 어울리고 잘 먹고 잘 살자'란 인생의 모습이다. 40대는 지식, 50대는 용모, 60대는 성(性)의 평준화가 되는 인생의 모습이다. 그렇지만 70대 돈의 평준화, 80대 수명의 평준화의 모습은 무너지고 있다. 100세 시대로 수명이 늘어난 탓이다.

삶의 최후 승리는 오직 참된 마음으로 우직하게 살아가는 사람에게 주어진다. 이것이 시니어의 아름다운 삶의 풍경이다.

어느 스포츠 신문에서 발췌한 숫자가 알려주는 삶의 지혜와 인생의 풍경이다. 가벼운 마음으로 의미해 보자. 의미는 쉬운 말이지만 실천은 쉽지 않을 것이다.

일	(1)만 하지 마라. 때때로 자신의 인생을 즐겨라.
이	(2)일 저일 끼어들지 마라. 한번 실패하면 끝이 될 수 있다.
삼	(3)삼오오 함께 다녀라. 인생은 외로운 존재이니 어울려 다녀라.
사	(4)생결단하지 마라. 여유를 갖고 살아라.
오	(5)케이(OK)를 많이 하라. 되도록 입은 닫고 지갑은 열어라.
육	(6)체적 스킨십을 즐겨라. 스킨십 없이 홀로 지내면 빨리 죽는다.
칠십	(70)%에 만족하라. 조급하지 말고 황혼의 여유를 가져라.
팔	(8)팔하게 운동하라. 인생은 짧으니 건강하게 살아라.
구	(9)차한 변명을 삼가라. 변명하면 사람이 몹시 추해 보인다.
십	(10)%는 친구들을 위해 투자하라. 노년에 가장 소중한 벗이 자산이다.

chapter
05

행복하게
즐기기

part 01 사랑의 계산기를 두드리지 말라

"태산불립호오, 고능성기고(太山不立好惡, 故能成其高). 강해불택소조, 고능성기부(江海不擇小助, 故能成其富).

큰 산은 흙과 돌의 좋고 나쁨을 가리지 않고 받아들이기 때문에 그토록 높이 솟아올라 있는 것이고, 바다는 작은 시냇물도 얼마든지 받아들이기 때문에 저토록 넉넉한 것이다."

한비자 〈대체〉편에 나오는 말이다.

열린 마음으로 사람을 선입관을 갖고 판단하지 말고 이해하고 받아들이는 진정한 사랑을 하라는 말이다. 사람의 겉모습 즉 외모, 공부, 지위, 지식, 명예와 같은 외적으로 드러난 모습만 갖고 판단해서는 안 된다.

인디언 체로키 부족이 삶의 지혜를 대대로 전수하는 과정이다. 체로키 부족은 삶의 지혜를 할아버지가 손자들을 무릎에 앉혀 놓고 가르치며 전수한다. "애야, 모든 사람 안에는 늑대 두 마리가 치열하게 싸우고 있단다. 하나는 악마 같은 악한 늑대란다. 이 늑대는 분노, 질투,

슬픔, 후회, 탐욕, 교만, 분개, 자기연민, 죄의식, 열등감, 거짓, 허영으로 가득 차 있단다. 다른 하나는 선한 늑대란다. 이 늑대는 기쁨, 평화, 사랑, 희망, 친절, 선의, 겸손함, 동정심, 관대함, 진실, 연민, 신뢰로 가득 차 있단다. " 할아버지 이야기를 듣고 있던 손자가 잠시 생각에 잠겼다가 입을 열었다. "할아버지, 그럼 어느 늑대가 이겨요?" 할아버지는 빙긋 웃으며 말했다. "그야 네가 먹이를 주는 늑대지."

이 이야기에는 삶의 지혜가 녹아 있다. 악한 늑대는 사랑하는 마음이 없고, 착한 늑대는 사랑하는 마음을 가지고 있다. 우리의 내면에는 늑대가 치열하게 싸우고 있다. 행복한 삶을 가져다주는 사랑의 먹이를 먹여 착한 늑대가 이기게 해야 한다.

행복을 가져다주는 사랑에도 6하 원칙이 있다.

01. 누가, 누구를?

내가 먼저 가장 가까이에 있는 사람을 사랑해야 한다. 멀리 있는 사람은 소용없다. 멀리 있다는 것은 마음이 멀리 있다는 것이다. 물리적인 거리를 의미하지 않는다. 마음의 거리가 가깝고 사랑하는 마음이 굳건하다면 물리적 거리는 문제가 되지 않는다.

02. 언제?

지금 당장! 시간이 허락하는 한 뒤로 미루지 말고 사랑해야 한다. 우리의 앞날은 아무도 모른다. 내일 무슨 일이 일어날지 그 누구도 모른다. 오늘, 나에게 주어진 시간이 가장 확실하고 소중하다.

03. 어디에서?

바로 여기! 사랑이라는 그릇이 있다. 사랑의 그릇에 정성스럽게 사랑의 음식을 담자. 음식은 그릇 안에 있을 때에 비로소 깨끗하고, 먹을 수 있는 음식이 된다. 사랑은 사랑이라는 그릇 안에 담길 때만이 깨끗하고, 성스럽고, 인격적이고, 아름다워진다.

04. 무엇을?

진정한 사랑이다. 진정한 사랑은 책임지는 사랑이다. 무책임하게 자기 위주로 하는 사랑은 진정한 사랑이 아니다. 베트남 스님 틱낫한의 말이다.

> "진정한 사랑은 책임감을 포함하고 있으며, 상대방을 있는 그대로 받아들이는 것이다."

05. 어떻게?

사랑에도 깊이가 있다. 사랑은 더할 수 없이 깊게 해야 한다. 마음에 깊은 우물을 파는 것처럼 깊게 하는 사랑은 형식적이고, 유희적이고, 일시적이지 않다. 우물을 파내려가듯 한 사람을 깊이 오래오래 사랑하면 그 사람의 슬픔과 고통까지도 사랑한다. 받는 사랑도 아름답지만 주는 사랑이 더 귀하고 아름답다.

06. 왜?

사랑은 인생을 행복하게 만든다. 사랑은 사람을 아름답게 성숙시킨다. 성숙함에는 특별한 의미가 있다. 놀라운 섭리가 있다. 성숙함에는 그 안에 생명력이 있다. 사랑은 자기의 가장 깊숙한 곳에서 자란 가장 아름다운 꽃부터 먼저 보여준다. 그 다음 돌아오는 것이 아픔이고 상처이고 고난이라 할지라도 개의치 않는다. 계산을 하지 않는 사랑이 참 사랑이다.

사랑의 계산기가 있다. 사랑을 계산해 보자. 내 마음에 자리한 사람과 함께할 때는 더하기(+)다. 가끔씩 미워질 때는 내 마음에서 빼기(-)다. 그리움에 목마를 때는 보고픔까지 곱하기(×)다. 애타는 마음 달랠 길 없을 때는 그 마음 나누기(÷)다. 사랑하면 사랑한다고 보고 싶으면 보고 싶다고 해야 한다. 너무 어렵게 셈하지 말자. 하나를 주었을 때 몇 개가 돌아올까? 두개를 주었을 때 몇 개 손해 볼까? 계산 없이 주고 싶은 만큼 주는 것이 사랑이다.

지금 이 시대는 사랑이 식어가고 있다. 여기저기서 사랑에 목 말라 하고 있다. 가정에서도 사랑이 식어가면서 신음하고 있다. 우울증에 빠지고, 폭력이 오가고, 가출이 발생하고, 자살이 발생하고 있다. 사랑은 상대에 대한 관심이고, 용서이고, 희생이며, 허물을 덮어준다. 이기는 것이 아니라 져주는 것이다. 참아주고, 높여주고, 이해하고, 그대로 인정해주고, 섬기는 것이 사랑이다.

우리 몸속에는 백혈구와 적혈구의 사랑 이야기가 있다.

우리 몸 혈액은 백혈구와 적혈구로 구성되어 있다. 백혈구는 우리 몸에 병균이 들어오면 병균을 처리하는 일을 맡아 한다. 백혈구는 아주 강력한 어떤 방법을 쓸 것 같지만, 절대 무력을 쓰거나 학대의 방법을 사용하지 않는다. 넌 왜 그렇게 더럽고, 넌 왜 이렇게 지저분하냐고, 놀려대거나 욕설도 안 한다. 그저 침입자에게 가까이 다가가 자신의 가슴을 활짝 열며 품안에 꼭 껴안는다. 백혈구의 사랑은 보기 싫든, 지저분하든, 원수가 됐든 가리지 않고 모두 다 껴안아 준다. 그 사랑에 침입자는 녹아버린다.

산소는 우리 몸에 정말 중요한 생명이다. 적혈구는 이 산소를 운반하는 혈액이다. 적혈구는 쉼 없이 이리저리를 다니며, 산소가 필요한 곳이면 자신의 가장 소중한 것을 조금도 아끼지 않고 100% 다 준다. 그리고 4일쯤 살아 있다가 비장에 가서 조용히 숨을 거둔다.

우리의 몸은 바로 이런 진한 사랑을 할 줄 아는 아주 작은 생명들이 모여 이루어져 있다. 우리 몸은 자신 만을 위하여 사는 것이 하나도 없다. 100% 남을 위하여 봉사하고, 남도 나에게 100%로 봉사하는 원리로 우리 몸은 건강하다. 백혈구와 적혈구는 계산하지 않고 사랑을 준다. 백혈구의 사랑은 무엇이든 감싸주고 안아주는 사랑이다. 적혈구는 아낌없이 모든 것을 나눠주는 사랑이다. 사랑은 가장 귀한 것, 가장 소중한 것을 준다. 사랑 앞에서는 그 어떤 교만도, 강팍함도 녹아진다.

사랑은 오래참고 사랑은 온유하며 시기하지 아니하며 사랑은 자랑하지 아니하며 교만하지 아니하며 무례히 행하지 아니하며 자기의 유익을 구하지 아니하며 성내지 아니하며 악한 것을 생각하지 아니하며 불의를 기뻐하지 아니하며 진리와 함께 기뻐하고 모든 것을 참으며 모든 것을 믿으며 모든 것을 바라며 모든 것을 견디느니라.

성경 고린도전서 13장 4절~7절 내용이다.

사랑을 가장 쉽고 명확하게 정의하고 있다.

시니어, 태산과 바다와 백혈구와 적혈구와 같은 사랑을 하자. 겸손으로 베푸는 사랑을 먼저 하라. 내가 먼저 사랑의 손을 내 밀 때 상대방도 나를 사랑한다. 아낌없이 주고 계산하지 말자. 사랑은 계산할 수가 없다.

벤자민 프랭클린의 말이다.

"사랑 받고 싶다면 사랑하라, 그리고 사랑스럽게 행동하라."

part 02 자식도 힘들다, 자식에게 기대지 마라

"부모지년(父母之年)은 불가부지야(不可不知也)니 일즉이희(一則以喜)요 일즉이구(一則以懼)니라. 부모님 나이를 반드시 알고 있어야 한다. 한편으로는 기쁘며, 한편으로는 늙어 가는 것을 두려워해야 하기 때문이다."

《논어 제4편이인》에 나오는 공자의 말이다.

핵가족이 난무한 현대 사회에서 젊은이들은 부모를 모시거나 함께 사는 것을 기피하는 경향이 많다. 이 때문에 부모의 나이를 정확하게 기억하지 못하는 경우도 많다. 공자는 부모에 대한 지극한 효도의 모범을 보이고 있다.

먼저, 자식들이 현실에 부딪치고 있는 어려운 점이다.

중앙일보가 광복 70주년과 창간 50주년을 맞아 실시한 '2015년 국가정체성' 설문조사 결과다. '나는 대한민국 국민이고 싶다'고 답한 20대와 30대는 각각 64%와 65.8%이다. 50대(81.9%)와 60대 이상(89%)에 비해 낮다. '대한민국에 대해 부끄러운 마음이 들 때가 있는가?'라는 질문엔 20대가 49.4%, 30대는 51.3%이다. 반면 50대

(34.7%), 60대 이상(32%)은 세 명 중 한 명만 "그렇다"고 했다.

새누리당 싱크탱크인 여의도연구원의 청년정책연구센터는 남녀 3312명을 대상으로 생활 실태조사 결과를 2015년 11월 발표했다. 응답자의 19.1%는 본인 명의의 채무가 있으며, 18.7%는 대출금 상환 과정에서 연체 경험이 있다. 20대 청년 5명 중 1명은 본인 명의의 빚이 있다. 삶이 팍팍한 탓에 청년 10명 중 8명은 아르바이트 경험이 있었고, 37.6%는 식비와 같은 생활비 마련을 위한 생계형 아르바이트생이다. 이와 관련 '경제적 어려움을 느끼고 있다'고 응답한 대학생도 10명 중 8명에 달했다, 이 중 14.8%는 '경제적 어려움을 항상 느끼고 있다'고 답했다.

조선일보가 광복 70주년을 맞아 사회와 가족 가치 분야에 대해 국민 의식을 조사한 결과다. 미디어리서치가 전국 성인 1000명을 일대일 방문 면접해 실시했다. 국민 30.3%가 '기회가 주어진다면 이민(移民)을 갈 의향이 있다'고 답했다. '자녀를 조기 유학 보낼 마음이 있다'는 국민도 2005년 69.8%, 2006년 55.6%, 2015년 50.9%로 감소는 하지만 꾸준한 추세다. 조기 유학에 드는 비용에 비해 취업이나 사회 적응 부분에서 효과가 작다는 것 때문이다. 대한민국 국민인 것이 자랑스럽다는 응답은 2010년 85.7%에서 72.3%로 감소했다. 우리나라 국민의 가족에 대한 가치관도 급속도로 변하고 있다. '자식이 부모를 모실 의무가 있다'는 점에 국민 42%가 찬성하는 것으로 나타났다. 부모 부양 의무에 찬성하는 국민은 1996년 67%에서 2005년 58%, 올해 42%로 급감하는 추세다.

통계청이 2015년 11월 발표한 '2015년 10월 고용동향'에 따르면 2015년 10월 전체 실업률은 3.1%, 청년실업률은 7.4%이다. 실제 청년 체감실업률은 10.5%이다. 2015년 10월 취업준비생 수는 63만7천 명이다. 취업준비생 수가 지난해 같은 기간보다 14.7%나 늘었다. 구직활동을 포기한 구직 단념자 수도 지난해 10월보다 9.8% 늘어난 47만1천 명이다.

2015년 9월 통계청이 발표한 '2014년 사망 원인 통계'에 따르면 지난해 자살로 생을 마감한 사람은 1만3천836명으로 1년 전보다 591명(4.1%) 줄었다. 하루 37.9명꼴이다. 자살률(인구 10만 명당 자살자)은 27.3명으로 전년보다 1.3명 감소했다. 2004년 23.7명이던 자살률은 글로벌 금융위기를 거치면서 2009년 31.0명, 2010년 31.2명, 2011년 31.7명까지 치솟았다가 떨어지는 추세다. 2014년도 모든 연령층에서 자살률이 전반적으로 감소했지만 20~30대 남자 자살만 유독 증가세를 보였다. 20대 남자 자살률은 21.8로 1년 전보다 4.2% 늘었고 30대 남자는 36.6으로 0.5% 증가했다. 지난해 자살한 20~30대 남자는 모두 2천219명이었다. 취업이 어려운 현실이 20~30대의 극단적 선택을 한 원인이다. 자살은 20~30대의 사망원인 1위다. 한국의 자살률은 경제협력개발기구(OECD)에서 10년 넘게 1위를 차지한다. 한국의 2013년 자살률은 28.7명으로 OECD 평균(12.0)의 두 배가 넘는다. 일본의 자살률은 18.7명, 미국은 12.5명, 독일은 10.8명이었다.

경제개발협력기구(OECD)가 2015년 9월 발표한 '삶의 질' 보고서에 의하면, 한국은 조사 대상 36개 나라 중 27위로 1년 전보다 두 단계

떨어졌다. 보고서에 의하면 대인관계로 내가 어려울 때 도와줄 사람이 있느냐는 질문에 있다고 답한 비율이 꼴찌다. 너무 바빠서 누굴 챙겨줄 여유도, 또 다른 사람이 나를 도와줄 거란 생각을 못한다.

우리나라의 연간 노동시간이 2천 백 시간이 넘는데, OECD 평균보다 20% 정도 많다. 하루 중 자녀와 함께 있는 시간은 48분으로 OECD 회원국 중 가장 짧다. 특히 아버지와 교감 시간은 6분에 그쳤다. 또한 자신이 건강하다고 답한 비율은 35%, 순위는 31위이다.

이런 여러 가지 문제로 요즘 청년들은 이 땅을 '헬조선'이라고 한다. 청년의 욕망을 현실이 채워주지 못하기 때문이다. 요즘 대학 총장들은 "학생들의 불만이 목까지 찼다"고 걱정한다. 기업 임원들도 "명문대를 나와도 직장을 잡을 수 없으니 큰일이다"라며 한숨을 쉰다.

단군 이래 최고의 스펙과 연수로 무장했지만 청년들이 선망하는 직장에 진입하는 것은 갈수록 힘겨워지고 있다. 사회 곳곳에 쌓아올린 기득권의 벽을 허물지 않으면 청년들이 비집고 들어갈 공간이 없다. 그 공간의 자리도 결국 금수저의 몫이고, 거기에 자신의 자리는 없다는 흙수저들의 절망이 새어나온다.

괜찮은 일자리를 만들지 못하는 한국경제의 현실을 바꿔야 한다. 한국의 근로자의 85%가 일하는 중소기업의 현실을 바꿔야 좋은 일자리가 생긴다. 전체 근로자의 10%에 불과한 대기업 노조가 차지하는 기득권도 반드시 허물어야 한다. 중소기업의 비정규직 신규 채용률은 54.4%다. 한국의 강성노조가 굳건히 쌓아올린 성 안의 괜찮은 일자리는 불과 6.2%만 새로 충원되고 있다. 강성노조가 괜찮은 일자리를 밖으로 쫓아내고 좋은 일자리가 들어오는 것을 막고 있다. 지금 청년들에게 필요한 것은 위로와 힐링이 아니다. 현실을 바꾸는 개혁으로 일자리를 창출하는 것이다.

최근 젊은이들 층에 연애, 결혼, 출산을 포기한 '3포 세대'에 이어 취업, 인간관계, 내 집 마련, 희망을 포기한 '5포 세대', '7포 세대', 'N포 세대'까지 등장했다. 연애, 결혼, 출산뿐 아니라 취업, 인간관계, 내 집 마련, 희망과 같은 것을 포기했다. 그래서 2030세대는 국가관, 정치적, 사회적 불신도 크다. 취업난에 시달리는 20대는 "성장이냐 복지냐"는 물음에 절반 이상(53.4%)이 복지를 선택했다. 생계에 곤란을 겪고 있는 젊은 층이 복지를 선택한 것이다.

다음, 아버지 세대 시니어가 현실에서 맞고 있는 어려운 점이다.

2015년 9월 메트라이프생명이 발표한 '한국 베이비부머 패널 연구'의 3차년도 보고서에 의하면, 한국 '베이비붐' 세대의 76.6%가 경제적 은퇴준비를 제대로 못하고 있다. 경제적 은퇴준비가 전혀 되어있지 않거나 미흡하다고 답한 베이비부머는 61.1%이다. 저축이나 투자 계획에 다소 차질이 있다는 응답도 15.5%이다. 반면 충분한 은퇴자금을 마련했다고 답한 베이비부머는 전체의 6.1%에 불과하다. 지난 2010년 8.4%, 2012년 7%에 이어 계속 감소하고 있다. 차질 없이 저축 및 투자를 하고 있다고 답한 베이비부머는 17.2%로 지난 2010년 22.5%에서 크게 줄어들었다.

조사 대상 4048명의 베이비부머의 평균 자산은 3억4236만원이다. 자산의 81.9%가 부동산이며, 평균 채무 4567만원 중 41.8%가 주택 구입(전세자금 포함)과 관련된 부채다. 금융자산은 14.8%를 차지하고 있으며 이중 58.2%가 예금 및 적금, 18%는 국민연금을 제외한 연금상품, 11.8%는 저축성 보험이다. 공무원연금, 군인연금 및 국민연금 가입률은 74.1%로 지난 2010년(84.6%)보다 감소했고, 개인연금과 같은 금융 및 보험상품의 비율도 89%에서 69.7%로 20% 줄었다. 부채와 자녀 교육비 증가가 원인이다.

아울러 2014년 조사에서 베이비부머의 연간 가계 총소득은 5160만원으로 근로소득과 사업소득이 각각 33.7%, 31.5%로 일을 통한 소득이 큰 비중을 차지한다. 월평균 근로소득은 271만원이다. 월평균 생활비는 259만원이며, 지출 내역 중 가장 많은 부분을 차지하는 것은 자녀교육비로 전체 지출의 33.5%를 차지한다. 노후를 위한 저축 등 금융 자산에 투자할 경제적인 여력이 없다.

여성가족부는 2015년 9월 한국여성정책연구원에 의뢰해 최근 3년 이내 자녀를 결혼시킨 55~69세 기혼남녀(부모 세대)와 같은 기간에 결혼한 신랑 신부(자녀 세대) 총 1천200명을 대상으로 결혼할 때 실제 지출한 금액을 조사하여 발표했다. 시아버지의 53.5%, 시어머니의 56%가 아들 결혼으로 지출한 비용이 '8천만원 이상'이라고 답했다. 2억원 이상 이라고 답한 비율도 2.5%에 달했다. 반면 친정부모는 70%가량이 '6천만원 이하'를 지출한 것으로 조사되어 신랑과 신부 측 부모의 지출 규모에 차이가 있다. 결혼할 때 목돈이 들어가는 만큼 신랑신부의 대다수가 부모에게 손을 벌렸다. 전체 응답자 중 부모의 지원을 전혀 받지 않은 비율은 10.4%에 불과해 대다수가 부모의 도움을 받았다. 전체 결혼비용 중 60% 이상을 부모가 부담했다는 응답도 43.4%에 달해 부모의 지원 비중이 상당히 높은 편이다. 부모세대는 한꺼번에 수천만 원을 내놓아야 하는 상황에 상당한 부담을 느끼고 있다. 부모세대 응답자 중 51.9%가 지원 액수에 대해 '부담스러웠다'고 답했으며, '매우 부담스러웠다'는 답변도 8.5%이다. 자녀세대 64.8%는 부모가 능력이 있다면 결혼비용을 지원해 주는 것이 좋다고 답했다.

자녀가 결혼한 뒤 정기적으로 생활비나 용돈을 받는 부모는 전체의 16.8%이다. 대다수는 정기적으로 금전적인 도움을 받지 못한다. 생활비나 용돈을 받는 부모는 한 달 평균 22만 원 정도다. 부모세대 응답자도 앞으로 자녀에게 정기적으로 용돈받기를 기대하는 것은 14.6%이다. 부모 그룹을 세분화하면 시어머니 그룹에서 자녀에 대한 생활비 기대가 23.5%로 시아버지 12%, 친정부모 9.5~13.5%에 비해 상대적으로 높다.

자녀세대도 주택·주거비용 마련과 자녀 교육에 상당한 비용이 지출되고 있다. 국가에서 유치원 비용과 누리자금을 지원하지만 특별활동과 같은 기타 비용 지출이 매우 크다. 친가 부모나 친정 부모에게 경제적인 지원을 할 여력이 없다.

100세 시대를 맞아 평균수명이 크게 늘어나면서 요즘 환갑잔치를 하는 사람은 찾아보기 힘들다. 장년층 직장인들은 50대 후반이나 60

세에 은퇴한다. 20~30년을 더 살아야 하는데 아직 대비책을 세우지 못해 걱정이라는 하소연을 많이 한다. 오래 사는 게 그리 반갑지 않다는 것이다. 아프지 말고 자식들에게 손 벌리지 않고 행복하게 노년을 보내기 위해서는 무엇보다 경제적으로 안정되어야 한다. 바로 행복한 노후를 위한 금융설계가 중요한 이유다. 아플 때 병원비를 해결해 줄 수 있는 건강보험, 노후생활에 필요한 생활비를 받을 수 있는 연금저축, 생활의 활력소가 될 일자리를 찾아 얻는 근로소득이다.

우주 만물은 질서가 있다. 사람사이에도 질서가 있다. 부모와 자녀의 질서는 부모가 위고 자녀는 아래다. 부부는 동등한 위계다. 형제는 형은 위고 동생은 아래다. 이 질서가 뒤 바뀔 때 가족관계가 무너진다. 부모와 자녀관계는 천륜의 관계며 어떠한 인간관계보다 밀접한 관계다. 부모와 자녀관계에 있어서 유대관계란 단순한 의무감이 아닌 애정적인 유대감에서 비롯될 때 그 만족도가 높게 나타난다. 육신이 움직이는 한 가능하다면 자식에게 손을 내밀지 말아야 한다. 그리고 자식에게 부담을 주어서도 안 된다. 사랑은 받는 것보다 대가없이 주는 것이다. 자식도 부모의 사랑을 다 알고 있다. 분명한 것은 부모 세대보다 자식 세대가 더 똑똑하고 현명하다. 세상이 아무리 삭막하다고 하지만 부모세대와 자식세대에게 필요한 것은 오직 사랑과 효도이다.

채근담에 멋진 글이 있다.

'부모가 자식을 사랑하고, 자식이 부모에 효도하며, 형제간에 아끼고
공경하는 마음이 지극 할지라도, 그것은 당연한 일일 뿐 감격할 일이

못 된다. 베푸는 이가 그것을 덕으로 자처하고, 받는 이 또한 은혜로 여긴다면, 그것은 곧 모르는 행인과 같게 되어, 장사꾼의 마음과도 다를 바 없게 된다.'

육체의 노(老)를 part 03
정신적 청년(靑年)으로 승화

은퇴는 남의 일이 아니다. 직장인은 '임금피크제'를 거쳐 '60세 정년'으로 일터에 마침표를 찍고 떠나야 할 운명이다. 그런데 70세 인턴이라니. 2015년 9월에 개봉한 영화 '인턴'(감독 낸시 마이어스)은 정부나 은퇴문제 연구소도 상상하지 못한 경우의 수를 던져준다. 영화의 내용이다. 아내와 사별한 후 적적한 삶을 이어가던 노인 벤(로버트 드 니로)은 우연히 접한 IT 기업의 시니어 인턴 채용 공고에 지원, 입사하게 된다. 30세 여성 CEO 줄스(앤 해서웨이)의 비서 역할을 맡게 된다. 노인 벤은 CEO 줄스에게 매 순간 적절하고 현명한 조언을 한다. 벤의 조언 덕분에 줄스는 기업의 CEO이자 아내와 엄마로서의 자신을 돌아보게 된다. 70세 시니어 인턴과 30세 여성 CEO라는 영화 〈인턴〉의 투톱 캐릭터 설정은 전략적이다. 영화는 세대와 성별에 대한 일반적 관념을 보란 듯이 역행한다. 백발의 벤은 IT 스타트업 기업에서 인정받는 인턴 직원이 되고, 젊은 여성 CEO 줄스는 남편과 어린 딸을 두고도 창업 1년 만에 벤처 신화를 이룬다.

현실은 청년실업 해소를 위해 나이 든 직원을 회사에서 내보내야한다거나, 어린데다 여성이기까지 한 CEO는 신뢰할 수 없다는 생각이 힘을 갖는 사회다. 딸·아들뻘인 동료에게 자신이 가진 인생의 노하우를 전수하고 마음을 다해 격려하는 아름답게 나이든 70세 노인을 통해 시니어에게 시사하는 점이 있다. 실력을 갖추고 후배를 질투하지 말고 응원해야 한다. 육체적으로는 늙어 가지만 정신만큼은 청년이 되어야 한다. 노(老)를 젊은 청년(靑年)으로 변화시켜야 한다.

요즘 외신에 부쩍 자주 등장하고 있는 단어가 있다. 센티내리언(Centenarian)이다. 100세가 된 사람을 일컫는 영어 단어다. 참고로 100세를 넘어 110세 이상 노인을 일컫는 슈퍼 센티내리언(Super Centenarian), 잠재적인 센티내리언으로 분류되어 왕성한 활동을 하는 옥토지내리언(Octogenarian·80대), 노내지내리언(Nonagenarian·90대)으로 구분한다. 유엔 인구국을 비롯한 인구 관련 전문기관들은 앞으로 100세 이상 노인이 여러 나라에서 새로운 연령대군으로 자리매김할 것으로 전망한다.

실제로 '센티내리언의 왕국'인 일본의 경우 2014년 9월 현재 100세 이상 노인이 5만8820명인 것으로 조사됐다. 일본에서는 특히 매년 3000~4000명이 새롭게 센티내리언이 되고 있다. 미국 노인학연구소(Gerontology Research Group)에 따르면 2050년에는 100세 이상 노인 인구가 일본은 70만명, 미국은 40만명에 달한다고 한다. 한국도 센티내리언이 많은 나라로 분류된다. 2014년 기준 1만4592명의 센티내리언이 있다. 이것은 인구 10만명당 29.06명으로 일본(42.76명) 프랑스(32.50명) 이탈리아(29.42명)에 이어 세계 4위에 해당한다.

100세인 인도계 영국인 파우자 싱은 마라톤 풀코스를 완주하며 세계 최고령 완주자로 기네스북에 이름을 올렸고, 캐나다 토론토 워터프론트 마라톤에 출전해 8시간 11분 만에 풀코스를 완주했다. 20여 년 전 불의의 사고로 부인과 자녀를 잃은 뒤 절망을 극복하기 위해 마라톤을 시작한 싱은 89세 나이에 처음으로 마라톤 풀코스를 완주했다. 이후 싱은 2003년 93세의 나이로 토론토 대회 90세 이상 부문에 출전해 5시간 40분 1초로 우승하며 최고령 기록을 세웠다. 파우자 싱은 토론토와 같은 곳에서 열린 단. 장거리 경주 100세 이상 부문에 출전하여 세계신기록 8건을 기록했다.

이뿐만이 아니다. 미국 여성이 92세에 마라톤 최고령 완주 기록을 세웠고, 중국 90대 여성이 모델 선발대회에 참가해 세상을 놀라게 했다. 마오쩌둥과 덩샤오핑도 노년까지 수영을 즐기며 건강을 뽐냈다. 엘리자베스 2세(89세) 여왕과 남편 필립(94세)공, '아버지 부시'인 조지 H W 부시(91세) 전 미국 대통령, 지미 카터(91세) 전 미국 대통령, 무라야마 도미이치(91세) 전 일본 총리, 김대중 전 대통령 부인 이희호(93세) 여사, 방송인 송해(90세), 철학가 김형석(96세) 전 연세대 명예교수와 같은 사람은 지금도 자주 뉴스에 등장한다.

센티내리언의 증가는 인간의 수명 연장이란 측면에서 좋은 점도 있지만 반면에 그늘도 있다. 센티내리언이 늘면서 연금, 건강보험, 간병비와 같은 것이 사회적 과제가 된다. 특히 연금에 대한 압박은 상상을 초월하는 수준이다. 저출산으로 인한 노동인구 감소 상황에서 센티내리언만 지속적으로 늘어날 경우 연금의 빠른 고갈은 불가피한 상황이다. 결국은 은퇴 나이를 늦추는 게 센티내리언 시대에 유일한 대안이 될 것이라 지적한다. 일을 하면 사회적 유대와 지적 능력 유지에도 좋기 때문에 건강한 상태의 100세를 위해서도 퇴직 연기가 바람직하다. 그렇지만 2015년 청년 실업률이 11.1%(통계청 자료)이고, N포세대, 이태백, 캥거루족, 헬조선과 같은 신조어가 퇴직 연기를 무색하게 한다.

유엔은 2015년 4월 인류의 체력과 평균수명과 같은 것을 고려해 인간의 생애주기를 다섯 단계로 새롭게 구분했다. 0~17세는 미성년자, 18~65세는 청년, 66~79세는 중년, 80~99세는 노년, 100세 이후는 장수노인이다. 이제는 스물도, 마흔도, 예순도 다 청년 시대다.

"노자(老者)를 안지(安之)하며 붕우(朋友)를 신지(信之)하며 소자(少者)를 회지(懷之)니라. 나이든 분을 편안하게 해드리고 벗에게는 미덥게 하고 젊은이는 감싸주고 싶다."

공자의 제자 자로가 스승의 포부를 듣고 싶어 질문하자 공자의 대답이다. 공자의 인생관이 담겨있는 말이다.

시니어, 노(老)를 청년(靑年)으로 승화하는 방법이다.

첫째, 스스로 편안한 자세 노자안지(老者安之)를 가져야 한다.

나이든 사람들은 변화보다 편안한 것을 좋아한다. 인생에서 이런저런 일을 겪다보니 의사결정을 할 때도 고려할 사항이 한두 가지가 아니다. 그래서 노인이 되면 말이 많다. 풍부한 경험을 바탕으로 들려주고 싶은 이야기가 많다. 또 기억력이 떨어져 이미 한 이야기를 반복하는 경우도 생긴다. 관점을 조금만 바꾸어 보자. 시니어 역시 자신도 언젠가는 나이가 지금보다 더 든다. 벼도 익을수록 고개를 숙인다. 젊은이들을 인정하고 존중하자. 오늘 답답하게 보이는 젊은이의 모습이 과거 자신의 모습이었다. 요즘 젊은이들은 똑똑하고 현명하다. 젊은이들을 이해하고 편안하게만 해주면 노인을 공경하고 받아들인다. 또한 노인 역시 노인이 가지고 있는 것을 아낌없이 주고 싶어 한다. 젊은이가 노인을 인생의 스승으로 삼고 자문을 구하면 무한한 지혜를 공급받는다.

둘째, 벗에게 신뢰감을 주는 자세 붕우신지(朋友信之)가 필요하다.

친구 사이는 서로가 모든 것을 다 알고 있다. 진정한 친구라면 서로의 모든 것이 투명하게 노출되어 있다. 서로가 자신의 강점과 약점을 너무나 잘 알고 있다. 그렇기 때문에 친구로부터 어떤 평가를 받느냐가 중요하다. 무엇보다도 정직한 사람, 믿을 수 있는 사람이라는 평가를 받아야 한다. 그럼 어떤 사람이 좋은 친구일까. 지식사회에서는 지식과 정보를 공유하고 그 공유된 지식과 정보를 바탕으로 창의성이 발휘된다. 그러므로 지식사회에서는 협조성과 창의성을 겸비한 사람이 되기 위해 노력해야 한다. 오늘날과 같은 네트워크시대에는 친구의 개념 역시 달라지지 않으면 안 된다. 이제 친구 관계를 나이만으로 고집해서는 안 된다. 요즘은 동호인 모임에서 친구를 같은 연령대로 제한하지 않는다. 나이를 강조하다 보면 친구가 될 수 없다.

맹자의 말을 되새겨 보자.

"불협장(不挾長)하며 불협귀(不挾貴)하며 불협형제이우(不挾兄弟
而友)니. 나이를 내세우지 않고, 존귀한 세도도 내세우지 않고, 형제
의 힘을 내세우지 않고 벗을 사귀어야 한다."

셋째, 젊은 사람에게 아량을 베푸는 소자회지(少者懷之)의 자세가 필
요하다.

젊음의 특권은 도전성에 있다. 미국의 경제학자 조셉슘페터가 '창
조적 파괴'에서 도전과 변화를 강조한다. 실패를 두려워하지 않고 모
험을 감행하려는 용기가 있었기에 역사의 진보가 가능했다. 젊은 사
람에게 자신의 생각을 일방적으로 강요하지 말자. 생각이 다를 때는
왜 그런지 물어보자. 젊은 사람 나름대로 가지고 있는 논리와 합리성
을 발견하고 놀라게 된다. 젊은 사람을 만나면 강의하려는 생각을 버
리고 대화를 하겠다는 자세를 가져라. 강의는 일방적이지만 대화는
쌍방 소통이다. 강의하려는 사람을 좋아하는 사람은 없다. 때로는 젊
은 패기가 다소 건방지게 보일 때도 있다. '젊으니까 그럴 수 있다'고
이해하면 된다. 왜냐하면 '나도 젊었을 때 그랬으니까'라고 생각하면
된다. 벼는 익으면 익을수록 고개를 저절로 숙인다. 여기서 간과해서
는 안 될 부분이 있다. 벼도 고개를 숙이기 직전까지 가장 꼿꼿한 자
세로 서 있는 단계를 거쳤다.

노익장을 자랑하는 센티내리언은 대개 활동적이고 낙천적이다. 그
래서 가족 간이나 사회 구성원끼리 친밀하게 지낸다. 심신이 모두 건

강하다. KBS 1TV 전국노래자랑 프로그램을 25년째 맡고 있는 '아흔 청춘' 방송인 송해가 좋은 예다. 방송인 송해는 1925년생으로 대한민국 현역 연예인 중 최고령이다.

노인과 젊음의 구분은 나이가 절대적인 기준이 될 수 없다. 나이는 숫자에 불과하다. 생각이 젊으면 나이를 아무리 먹어도 젊다. 우리는 때로는 노인 때로는 젊은이의 위치에 있다. 영원한 노인 영원한 젊은이는 없다. 다만 상대적인 노인과 상대적인 젊은이가 있을 뿐이다. 노년과 장년과 청년세대가 역지사지의 자세로 상대방에게 평안과 믿음과 관용을 베풀 때 개인의 참다운 성공이 보장되고 더욱 성숙된 사회가 된다.

part
04 인생은 보기만 하는
스포츠가 아니다

우리나라는 삼면이 바다로 둘러 싸여 있어서 모든 바다의 장단점을 다 경험할 수 있다. 사람들은 흔히 인생을 세 바다로 비유 한다. 바다는 일 기예보도 없이 홀로 거친 바다를 항해하는 돛단배 같은 인생들에게 바다는 많은 교훈을 준다.

먼저 동해(東海)는 인생의 청년기 같은 바다다.

작은 섬 하나 없이 탁 트인 해안선과 깨끗하고 보석같이 빛나는 모래 알 그리고 파란 쪽빛 바다가 동해바다다. 또한 수심이 깊고 계절에 따라 난류와 한류가 흘러 고기도 많다. 이러한 특성 때문에 동해는 젊은 이들이 가장 열광하며 많이 찾아오는 곳이다. 이런 동해의 외적인 모습들은 젊은이들의 특성과도 상당히 유사한 점이 많다. 어떤 장애물도 두려워하지 않는 것과 눈이 시리도록 파란 그들의 꿈, 바다 위에 누워 있듯이 어떤 위험도 두려워하지 않는 불굴의 투지 등이다. 또 날마다 해가 뜨듯이 어떤 좌절 속에서도 다시 벌떡 일어설 줄 아는 젊은이다. 그러나 동해도 아픈 곳이 있다. 너무도 많은 사람이 오기 때문에 사람 냄새는 사라지고 쓰레기 냄새만 진동한다. 동해처럼 깨끗한 사람과 잘난 사람은 호감은 갈지 몰라도 사람냄새가 나지 않는다. 인생을 자기 식으로 쉽게 판단하는 교만 때문이다.

다음은 남해(南海)는 인생의 장년기 같은 바다다.

남해는 동해와 서해를 합쳐놓은 듯 서로의 장점만 갖고 있으며 힘과 중후한 멋이 있다. 남해의 멋은 역시 조용하고 잔잔하다. 덕분에 양식 업과 조선공업의 적지이다. 기후도 온대성이라 제주도처럼 다른 곳에 서는 볼 수 없는 희귀한 식물도 많다. 그래서 도시의 편리함과 바다의 시원함과 함께 섬의 아름다운 풍경까지 한꺼번에 보고 즐길 수 있는 바다이다. 시니어 사오십 대는 동해처럼 격동적인 일도 대부분 지나갔 다. 이제 경제적이고 정신적인 여유가 있는 진정한 인생의 멋과 향기 나는 가장 좋은 시절이다. 이렇게 화려한 남해 뒤에도 적조라는 어두 움 때문에 가정이 위기를 맞고 있다. 동해는 수심이 깊고 바닷물의 교 류가 빨라서, 서해는 조식간만의 차가 너무 커서 적조가 생기지 않는 다. 남해에서는 수심도 얕고 섬도 많아 해류의 영향을 적게 받고 또 공 단지역에서 나오는 수질오염 때문에 적조가 생긴다. 이것이 중년의 과 제다. 시련이 없는 것 자체가 시험이라는 말이 있다. 너무 잔잔하다보 니 문제가 된다. 시니어가 남해처럼 너무 잔잔해서 아픈 것이 아니라 동해 같은 격랑의 세월을 보낸 후 중년이라는 남해에 가보니 몸이 아 프기 시작한다. 시니어는 겉으로는 잔잔한 것 같지만 속으론 적조 같 은 삶의 아픔이 있다.

끝으로 서해(西海)는 인생의 황혼기 바다다.

물이 점점 차고 있음에도 아직도 어수선하게 떠 있는 배들과 포구 사이로 잡은 조개를 갖고 분주히 오가는 아낙들의 모습은 어떤 화가도 그릴 수 없는 서해만의 아름다운 풍경이다. 물이 들어오면 수많은 생물들은 성장하여 사람들에게 여유와 혜택을 준다. 물이 들어오면 사람들이 물 밖으로 나가야 하듯이 그 때를 알고 맞추어 사는 것이 삶의 지혜다. 서해는 이렇게 단순한 놀이의 바다가 아니라 자연의 질서와 공존의 법칙을 가르쳐 주고 있는 바다다. 서해의 매력은 해가 지는 석양이다. 하루 종일 빛을 밝히고 이제 시간이 되어 바다 속으로 사라지는 서해야말로 황혼기 인생을 가장 잘 대변해 주고 있다. 서해는 알면 알수록 아름답지만 겉만 봐서는 서해도 꼬집을 것들이 많은 바다다. 물은 탁하고 구경할 만한 진귀한 것도 별로 없고 해안선도 복잡하고 지저분하다. 인생 노년도 서해처럼 매력이 없다. 서해는 동해에 비해 부정적인 의미가 강한 바다다. 그러나 서해는 곳곳에 사람 사는 냄새가 나며 보잘것없는 돌 하나에도 더덕더덕 붙여있는 수많은 생명들을 통해 삶의 지혜와 여유를 배울 수 있는 곳이다. 노년의 멋은 결코 외적인 멋이 아니다. 이렇게 꾸밈없는 그 모습 자체가 모두에게 쉼을 주고 인생의 지혜를 가르쳐 주고 있는 것이다.

강릉포남교회 담임목사, 관동대학교 겸임교수 한억만 목사의 글이다.

삼면이 바다인 한반도의 세 바다 특성을 인생에 비유한 멋진 글이다. 저자가 감명을 많아 시니어에게 소개한다. 인생은 누구나 동해 바다와 같은 청년기를 지나 남해 바다와 같은 장년기를 지나고 마침내 서해 바다와 같은 황혼기를 맞는다. 여름철 동해 바다에서 젊음을 즐기는 것처럼 인생의 기반을 어떻게 준비하느냐에 따라 장년기를 더욱 알차게 보낼 수 있고, 마침내 서해바다의 아름다운 석양처럼 인생의 절정기를 맞이하고 보낼 수 있다.

시니어의 인생에서 은퇴 후 삶을 오후반 인생이다. 시니어의 인생을 좀 더 세분화하여 분류하기도 한다. 인생 1막은 태어나서 결혼해 가정을 이루기까지, 2막은 결혼한 후 아이를 낳고 출가시키기까지, 3막은 아이들 출가 후 부부 또는 홀로 남는 시기, 4막은 세상을 하직할 준비를 하는 시기다.

저자는 은퇴 후 삶을 오후반 인생이라고 이미 정의했다. 100세 시대를 맞이하는 시니어의 공통된 과제는 오후반 인생을 어떻게 활용하며 행복한 삶을 살 것인가다. 행복한 삶을 미리 준비한 시니어가 그리 많지 않다. 직장 또는 일에서 은퇴는 반드시 온다. 은퇴는 생존 경쟁이 치열하고 빡빡한 삶의 현장에서 벗어나는 것이다. 사람에 따라 정체성 상실, 과거의 습관 및 관계로부터 이탈, 예정된 공포, 삶의 황금기 시작과 같은 것으로 느낀다. 삶의 전 과정을 놓고 볼 때 오후반 인생은 새로운 삶을 시작하는 것이다. 행복한 인생을 위해 시니어는 과거의 생각, 습관을 탈피해야 한다.

우리는 스포츠 중계방송을 통해 경기와 선수들의 희열과 아픔을 간접적으로 체험하고 느낀다. 직접 운동에 참여하지 못하지만 목소리 높여 응원하고 운동선수와 한 몸이 되는 것 같은 감정에 몰입한다. 자신도 모르게 운동의 승패 결과가 자신이 한 것처럼 큰 착각에 빠지기도

한다. 승패에 따라 기쁨과 슬픔을 경기를 하는 선수인양 느낀다. 때로는 자신이 운동선수가 아닌 것을 망각한다. 애석하게도 경기장에서 다른 선수가 운동을 대신해 줄 수 없는 것처럼 다른 사람이 자신의 삶을 대신 이끌어 주지 못한다. 자기 인생의 삶은 자신의 모든 책임 하에 이루어진다. 아무도 자신의 삶이 아닌 남의 삶을 대신해 줄 수도 책임 질 수도 없다. 자신의 삶은 자기 스스로 개척하고 영위해야 진정한 자신의 삶이다. 운동선수 자신이 직접 경기에 임하는 것 같이 시니어도 행복한 오후반 인생을 위한 노력을 스스로 해야 한다.

행복한 인생 오후반을 위해 반드시 실행해야할 항목이다.

첫째, 나이 들어도 두뇌를 젊게 유지해야 한다.

나이가 들면 체력이 떨어지고 몸 여기저기에 조금씩 문제가 생긴다. 몸이 예전 같지 않음에 쓸쓸한 생각이 든다. 두뇌 회전이 둔해지고 깜박깜박하는 느낌이 들 땐 쓸쓸함을 넘어 진짜 걱정스러운 마음이 든다. 나이 관계로 체력이 떨어졌다고 생각하면 운동이라도 하지만, 둔해지는 두뇌는 걱정을 하면서도 대부분 적극적으로 조치를 취하지 않는다. 운동에 따라 신체 나이가 달라지듯 관리를 잘하면 두뇌 나이도 달라진다. 두뇌에 활력을 주는 몇 가지가 있다. 독서를 하면 새로운 정보가 흡수되고 두뇌에서 새로운 신경회로의 성장이 촉진된다. 노래를 배우거나 악기를 연주하면 두뇌의 신경세포 집단인 회백질이 늘어나고 좌우 뇌 간 신경세포 연결이 촉진된다. 새로운 언어를 배우고 구사하는 사람은 두뇌에 더 많은 회백질이 분포되고 훌륭한 두뇌 운동을 한다. 명상이나 요가를 하면 집중력과 기억력이 향상된다.

둘째, 건강관리를 철저히 해야 한다.

장수의 축복을 누리려면 노년의 건강이 무엇보다 중요하다. 100세 시대를 대비하는 적극적인 건강관리가 필요하다. 재테크로 모아놨던 돈도 중병에 걸리면 한순간 나가버린다. 젊은 나이에 연금이나 보험에 가입하면 보험료가 싸듯 건강관리를 가능한 일찍 시작해야 한다. 나이가 많으면 많을수록 건강을 원래 상태로 회복시키기가 어렵다. 시니어들은 즉각 건강관리를 시작해야 한다.

셋째, 편안한 마음으로 분수를 지키며 만족해야 한다.

시니어는 은퇴 후에는 현역시절의 사고방식과 생활 습관에서 하루 빨리 벗어나야 한다. 은퇴기에 들어서면 고정소득이 사라진다. 은퇴 전과 같은 생활수준을 계속 유지할 수 없다. 눈높이를 한 단계 더 낮추어 생활을 하면 마음도 편하고, 새로운 일을 찾는 것도 쉬워진다. 욕심을 버리고 현재의 삶에 만족하는 자세를 갖는 것이 행복한 은퇴생활을 하는 지름길이다.

넷째, 낮은 자세로 재취업 또는 합당한 일을 해야 한다.

2015년 12월 NH투자증권 100세시대연구소가 발표한 '2016년 대한민국 중산층 보고서'에 따르면 중산층 10명 중 8명은 스스로 빈곤층이다. 노후자금을 충분히 모아놓지 못한 상태에서 퇴직한 시니어는 생계를 위한 일자리를 찾아야 한다. 재취업할 경우 희망 업종과 연봉의 눈높이를 크게 낮출 필요가 있다. 지난날을 빨리 잊어버리고 도전의식을 가져야 한다. 비록 작은 돈이라도 일을 계속 하는 것이 건강에 큰 도움이 된다.

다섯째, 재무적 비재무적 준비의 균형을 맞추어야 한다.

오후반 인생의 행복이 돈의 많고 적음에 따라 좌우되지 않는다. 돈을 쓰지 않고도 보람차게 오후반 인생을 얼마든지 즐길 수 있다. 돈을 적게 쓰는 취미생활을 개발하고, 평생학습과 자원봉사활동과 같은 것에 참여하면 된다. 인근 지역의 행정기관에서 시행하는 시니어를 위한 저렴한 수강료의 평생학습 프로그램이 많다. 평생학습과 자원봉사활동도 좋지만 형편과 상황을 고려해야 한다. 수입에 맞추어 지출도 해야 한다. 재무적 준비와 비재무적 준비의 균형이 매우 중요하다.

여섯째, 지역사회의 공동체 사회활동에 적극적으로 참여해야 한다.

시니어 오후반 인생의 중심은 직장이 아니라 내가 살고 있는 지역사회다. 지역사회가 시행하는 평생학습과 자원봉사활동에 적극 참여하여 활기찬 노후생활을 해야 한다. 인간은 혼자 살수 없는 사회적 존재다. 공동체 사회활동을 통해 새로운 인맥도 구축하고 함께 건강관리와 여가생활도 한다. 또한 지역사회의 공동체에 대한 귀속감이 높아질수록 새로운 삶의 행복을 더 찾을 수 있다.

일곱째, 자발적인 봉사활동으로 기쁨과 보람을 찾아야 한다.

지금까지 자기만을 위해 살아왔던 시니어는 이제는 남을 위한 삶도 생각해 봐야 한다. 오후반 인생을 봉사하는 자원봉사활동 또는 NGO(비정부단체)활동을 하는 것도 좋다. 넓게 보면 지구는 더불어 사는 인류의 공동체다. 자원봉사활동은 환경보호, 불우이웃 돕기, 노인과 장애자 돕기, 기부문화운동, 지식기부운동, 저개발국가 돕기, 오지국가 의료봉사와 같은 여러 분야가 있다. 자신에게 잘 맞는 분야를 골라 자원봉사활동을 하면 큰 기쁨을 얻는다. 받는 것보다 주는 것이 기쁘고 보람되고 행복한 것이다.

　세상에는 굵고 짧게 살고자 하는 사람이 있는가 하면, 가늘게 길게 살고자 하는 사람도 있다. 물론 굵게 오래 살면 좋겠지만, 인생이 그렇게 녹록치 않다. 인생은 한번뿐이다. 시니어는 오후반 인생을 굵게 아름답고 행복하게 살아야 한다. 스포츠 경기를 보듯 살아서는 안 된다.

　미국의 건국의 아버지 벤저민 프랭클린의 말이다.

　"오래 살기를 바라기보다 잘 살기를 바라라."

part
05 행복하게 사는 비결

> 성인의족이범한 식족이충허 즉불우의(聖人衣足以犯寒 食足以充虛 則不憂矣).
> 성인은 추위를 막아 줄 옷과 배를 채워 줄 음식만 있으면 만족하고 걱정을 하지 않는다.

《한비자》〈해로〉편이다.

사람에게 욕심이 생기면 사리를 분별하지 못한다. 욕심을 버리면 행복이 온다는 말이다.

행복은 욕구와 욕망이 충족되어 만족하거나 즐거움을 느끼는 상태다. 불안감을 느끼지 않고 안심해 하거나 또는 희망을 그리는 상태에서의 좋은 감정이 행복이다. 행복에는 만족, 기쁨, 즐거움, 재미, 웃음, 보람, 가치, 평안, 의욕, 희망과 같은 여러 요소가 있다. 이들 각각의 단어들이 의미하는 행복은 조금씩 다르다.

욕심이 크면 근심이 많다. 금심이 많으면 몸에 병이 생긴다. 병이 생기면 지혜가 둔해진다. 지혜가 둔해지면 분별력을 잃는다. 분별력을 잃으면 행동이 경솔해 진다. 행동이 경솔해지면 재앙과 화가 생긴다.

재앙과 화가 생기면 마음속의 병이 생긴다. 마음속의 병이 생기면 행복이 사라지고 불행이 온다. 욕심으로부터 마음의 병이 생기고 행복이 사라진다.

한비는 노자의 말을 빌려 이렇게 마무리 한다. "욕심을 부리고 이익을 구하는 마음보다 더 심한 것은 없다." 사람이 불행해 지는 것은 모두 욕심에서 온다. 성경에도 "욕심이 잉태한즉 죄를 낳고 죄가 장성한즉 사망을 낳느니라."(야고보서 1장 15절) 대부분의 욕심은 물질적인 것을 원하는 마음에서 시작된다. 부(富)에 대한 인간의 욕망은 끝이 없다. 작금은 부의 대소(大小)가 행복과 불행의 척도가 된다. 애석하고 안타까운 현실이다.

《알랭의 행복론》의 저자 프랑스 철학자 알랭의 말이다.

"행복이 미래 속에 있는 것처럼 여겨질 때는 잘 생각해 보아야 한다. 그것은 당신이 이미 행복을 갖고 있기 때문이다. 희망을 갖는다는 것이 곧 행복을 의미한다."

유엔이 발표한 '2015 세계행복보고서'에 따르면 전 세계 158개 국가를 상대로 국민의 행복도를 조사한 결과 한국은 10점 만점에 총 5.984점으로 47위다. 조사는 GDP, 기대수명, 갤럽이 실시한 사회보장에 대한 인식과 선택의 자유, 부패와 같은 것에 대한 세계여론조사 자료를 토대로 국가별 행복지수를 산출했다. 가장 행복한 국가 1위 스위스(7.587), 2위 아이슬란드(7.561), 3위 덴마크 (7.527), 4위 노르웨이(7.522), 5위 캐나다 (7.427)가 행복지수가 높은 상위 5개국을 차지했다.

가장 불행한 나라 10개국 순위는 토고(158위), 부르키나파소(152위), 부룬디(157위)와 같은 사하라사막 이남의 아프리카 국가들이 8개국 포함됐다.

행복은 '자기만족'이 무엇보다 중요한 요소다. 자기만족은 주관적인 요소이기도 하다. 부와 명예와 권력을 다 가지고 있다 하더라도 마음 한 곳에서 전혀 만족 할 수 없다면 우리는 결코 행복 할 수 없다. 자신의 삶에 대한 자기만족이 없다면, 그것은 겉은 아무리 화려해도 속이 썩은 과일과 같다.

행복의 조건에는 주관적인 요소와 객관적인 요소가 있다. 주관적인 요소만 가지고 행복하다고 할 수 없다. 왜냐하면, 매일같이 술독에 빠져 사는 알코올 중독자나, 마약중독자처럼 쾌락주의에 빠져 살면서 "나는 내 삶에 매우 만족한다."라고 하는 사람을 행복한 사람이라고 인정할 수 없다. 객관적인 요소에서 행복의 조건은 건강과 사랑과 자유와 지혜와 같은 네 가지다.

행복한 사람은 육체적으로 정신적으로 건강해야 하고, 사랑의 능력을 갖추고 사랑을 주고받을 수 있어야 한다. 또한 두려움과 열등의식에서 벗어나 자아실현의 자유로움이 있어야 하고, 배움의 기쁨에서 살아가는 지혜를 갖추어야 한다.

오후반 인생을 여는 시니어의 행복의 비결이다.

첫째, 건강해야 한다.

몸이 아프면 행복할 수 없다. 누구나 고질적인 병을 하나씩 갖고 산다. 체질적, 유전적, 후천적으로 얻은 병으로 조금씩 아프다. 병을 잘 다스릴 줄 아는 것도 건강한 사람이다. 건강은 모든 생물체에서 있어서 가장 중요하다. 부귀와 영화나 권세와도 바꿀 수 없다. 예부터 내려온 말 중에 '부(富)를 잃게 되면 조금 잃는 것이요, 명예를 잃는 것은 많이 잃는 것이고, 건강을 잃게 되면 전부를 잃는 것과 같다'라는 유명한 말이 있다. 건강의 문제는 결코 특효약이나 보약의 문제가 아니라 생활습관이 문제다. 평소의 생활습관이 각자의 건강문제를 결정한다. 건강 운동 전문가들은 유산소운동, 근력운동, 유연성운동, 균형감각운동을 권한다. 일주일에 3회 이상, 하루 30분 이상 운동을 하라고 한다. 행복의 척도는 건강이다.

둘째, 사랑해야 한다.

사랑은 적극적으로 상대방을 이해하고 배려하고 서로 주고받는 것이다. 미국의 작가 오 헨리가 쓴 단편소설 중에 유명한 '마지막 잎새'가 있다. 존시라는 여인이 폐렴에 걸려 자신의 삶의 의지를 버리고 창밖의 담쟁이 잎사귀에 남은 삶을 비유하며, 세어 가는 중 달랑 한 잎이 남아 있다. 어처구니없는 소식을 들은 늙은 화가는 눈물을 흘리면서 밤을 지새워가며 잎새를 그려 넣어 그녀를 구하고 화가는 죽고 만다. 참으로 감동적인 이야기다. 사랑은 이해와 배려이며, 자기희생을 두려워하지 않는 고귀한 것이다. 사랑을 할 줄 아는 사람은 행복한 사람이고, 사랑을 모르는 사람은 불행한 사람이다.

셋째, 자유로워야 한다.

인간은 자유롭지 못하면 행복 할 수 없다. 자기의 길을 자기가 선택하여 가지 않는다면 아무리 좋은 직업과 명예와 권력을 누릴지라도 그것은 의미가 없다. 자유란 진정한 자기선택이며 그것에 대한 철저한 책임이다. 자기 자신에 대한 인생을 선택하고 책임지는 것이야말로 진정한 자유의 의미다. 즉 억압과 두려움과 열등의식과 허영으로부터 해방되는 것이다. 남이 내 인생을 대신하여 살아 줄 수 없는 것과 마찬가지로 자신에 대한 인생의 선택과 책임을 질 수 있는 사람이 자유로운 사람이다. 예를 들면 여행은 낯선 공간이 주는 해방감과 자유로움을 준다. 현실의 무거운 짐을 내려놓고 다소 가벼운 분위기로부터 얻는 즐거움이 행복이다.

넷째, 지혜로워야 한다.

"학이시습지 불역열호(學而時習之 不亦說乎). 배우고 그것을 제 때에 실행하면 기쁘지 아니한가."

우리가 너무나 잘 알고 있는 배우고 익히는 학습의 기쁨으로 평생교육을 강조하는 공자의 말이다.

지식을 높이기 위해서는 학습노력이 뒤따라야 한다. 알면 알수록 괴로운 것이 인생이라지만 모르는 것보다는 아는 것이 훨씬 낫다. 지식에 수양이 겸한다면 지혜의 가치가 더 빛을 발한다. 지혜는 배움의 열정에서 시작된다. 만일 육체적으로 건강하고 사랑의 능력을 갖추고 자신이 원하는 것을 선택할 수 있는 자유인이라면, 분명히 무엇인가에 대한 탐구를 시작한다. 인간은 호기심과 배움의 존재이다. 자식을 행복한 인간으로 키우려 하기 전에 먼저 자신이 행복한 사람이 되는 것이다. 행복하지 않은 사람이 어떻게 다른 사람을 행복의 길로 인도할 수 있겠는가? 지식정보사회를 맞이하여 삶의 질을 높여주기 위한 평생교육의 필요성이 대두하면서 지혜로운 삶이 요구된다.

다섯째, 원만한 인간관계와 인맥이다.

사회 공동체에서 사람을 모르고, 사람들과 어울리지 못하는 사람은 행복하지 않다. 인맥은 삭막한 현대사회에서 가장 가까운 이웃들이 되어 외로움과 슬픔을 함께 하고, 어려움을 걱정해주는 새로운 친척이며 형제와 같은 존재다.

미국의 방송인 오프라 윈프리의 말이다.

"당신에 버금가는 혹은 당신보다 나은 사람들로 주위를 채워라. 좋은 사람들은 좋은 에너지를 주기 마련이다. 내가 살아감에 있어서 나에게 조언을 해주고 방향을 제시해줄 수 있는 멘토가 있다면 많은 수록 좋다. 우리는 완벽하지 않기 때문에 그들의 조언을 진심으로 듣고 이행한다면 많은 시행착오를 줄일 수 있을 것이다."

여섯째, 교양과 예절을 갖춰야 한다.

교양과 예절은 인간과 동물을 구별해주는 아주 중요한 기준이다.

사람으로 살면서 인정을 받고 행복감을 느끼려면 교양과 예절을 갖추어야 한다. 아무리 재산이 풍부해도 교양과 예절이 뒷받침해주지 않으면 남의 비웃음을 산다. 남의 비웃음 속에서 행복감을 맛볼 수 없다.

"군자가 예절이 없으면 역적이 되고, 소인이 예절이 없으면 도적이 된다."

명심보감에 나오는 말이다.

일곱째, 미래 비전을 만들어야 한다.

비전이 있는 사람과 없는 사람의 차이는 엄청나다. 삶 자체가 다르다. 비전을 달성하려고 진지하게 죽을 때까지 노력하는 사람은 질이 높은 삶을 살게 된다. 비록 내일 모레 이승을 하직하는 한이 있더라도 꿈을 잃지 않고 노력하는 사람의 삶은 하루하루가 행복하다.

"생생하게 상상하라. 간절하게 소망하라. 진정으로 믿으라. 그리고 열정적으로 실천하라. 그리하면 무엇이든지 반드시 이루어질 것이다. 모든 것을 실현하고 달성하는 열쇠는 목표 설정이다. 내 성공의 75%는 목표설정에서 비롯되었다. 목표를 명확하게 설정하면 그 목표는 신비한 힘을 발휘한다."

《성공 시크릿》의 저자 폴 J. 마이어의 말이다.

기회는 준비된 사람에게 온다. 어떠한 상황이 닥쳐도 굳은 의지와 결단으로 무장할 때 행복은 온다. 전력투구의 정신을 발휘하면서 나아갈 때 비로소 행복은 찾아온다. 인간의 행복은 아름다운 나무들이 우거져 있는 숲과 같다. 이 숲을 멀리서 보면 놀라울 만큼 아름답지만 가까이 다가가거나 그 안으로 들어가면 조금 전의 아름다움은 어느덧 사라지고, 그 아름다움이 도대체 어디 있는지 몰라 나무들 사이에 멍하니 서 있게 된다. 우리들이 다른 사람의 명예나 재산, 행복을 부러워하는 것도 마찬가지다. 진정한 행복은 우리들의 힘이 미치는 범위 내에 가까이 있다.

인생은 종종 축구 경기에 비유된다. 25세까지는 연습기간, 50세까지는 전반전, 75세까지는 후반전, 100세까지는 연장전이다. 후반전이나 연장전에 터지는 결승골이 축구 경기의 묘미다. 시니어의 오후반 인생에서 인생의 결승골을 터뜨리자.

법륜 스님의 행복하게 사는 삶의 7가지 자세다. 읽고 마음에 새기자. 시니어의 행복한 오후반 인생 삶의 지표가 되는 멋진 말이다.

■ 행복하게 사는 삶의 7가지 자세

첫째, 웃으며 즐겁게 살자.

둘째, 소박하게 살자.

셋째, 나누며 살자.

넷째, 감사할 줄 알자.

다섯째, 희망을 갖자.

여섯째, 재미있게 일하고 세상에 보탬이 되자.

일곱째, 보람 있게 살자.

시니어, 오후반 인생의
혹독한 겨울나기 준비는 어떤가?

"영혼이여, 너는 학대하고 있구나. 자신을 학대하고 있구나. 그러면 너는 자신을 존중할 기회를 다시는 갖지 못할 것이다. 우리 인생은 짧고, 네 인생도 거의 끝나간다. 하거늘 너는 아직도 자신을 존중하지 않고 타인들의 영혼에서 행복을 찾는구나."

로마 제국의 제16대 황제(재위161~180), 철인황제(哲人皇帝)로 『명상록』을 집필한 마르쿠스 아우렐리우스의 말이다.

불효자는 웁니다.

저자가 군 복무 때 부친은 57세에 뇌출혈로 돌아 가셨다. 모친은 초등학교 입학한지 두 달 후 40세로 이 세상을 하직 하셨다. 모친의 사망이 너무 빨라 더 안타깝지만 부친 사망의 원인은 건강관리를 소홀히 한 것이다. 현재와 같이 의료 혜택을 받으셨다면 두 분 중 한분은 아직도 생존하셨을 가능성도 있다. 친구의 모친이 아직 생존해 계시니까….

저자와 집사람은 매년 또는 2년에 한번 씩 종합건강검진을 하고 있다. 저렴한 비용으로 종합건강검진을 받을 수 있는 방법이 있다. 독자의 주변에 있는 병원에서 종합건강검진을 비수기인 1월에서 3월 중에 저렴하게 하는 경우도 있다. 저자에게 연락을 주면 비수기 때 저렴한 비용으로 종합건강검진을 받을 수 있도록 알선해 주겠다.

어느덧 나 자신도 부친의 생존 나이보다 더 나이를 먹어가고 있다. 자식에게 부담과 짐을 주지 않기 위해 주 5회 이상 헬스장에서 운동을 하며 건강을 챙기고 있다.

백만장자 부호도 건강을 잃으면 모든 것이 허사가 된다. 저명한 의사도 자신과 부인의 건강관리에 소홀하여 생각지도 못한 가벼운 죽음을 맞이하는 경우가 많다.

지인의 죽음은 참으로 애석하다.

시니어가 오후반 인생을 누릴 기간은 앞으로 개인의 차는 있지만 삼사십 년이다. 이 기간 동안 넘어지고 일어나는 과정에서 오후반 인생이 충실하게 준비되고 실현된다. 이 모습을 보고 우리의 뒤를 잇는다음 세대가 그들만의 미래를 배운다. 시니어가 오후반 인생을 잘 마무리 하는 것은 자신만이 아니라 다음 세대를 위한 것이다.

시니어 오후반 인생의 행복 열쇠는 바로 건강이다.

몇 년 전부터 독서를 하면 할수록 느끼는 것이 있었다. 왜 나는 나의 책이 아닌 남이 쓴 책만 읽고 있는가? 하는 의문점이 생기고 있었다. 애석하게도 내가 쓴 책은 이 지구상에 한권도 없다. 호랑이도 죽으면 가죽을 남긴다고 하는데….

나는 지금 책을 쓰고 있다. 나의 삶이 변하고 있다. 어렵고 힘든 4개월 동안의 집필을 마치고 나의 책이 출간 되었다. 첫 번째 책의 출간으로 맞이한 환희를 맘껏 느끼고 있다. 기쁨에 젖어 있을 수만 없기에 두 번째 책 쓰기에 도전을 하고 있다. 한 권, 한 권 나의 책이 세상에 태어나고 있다.

시니어, 당신도 책 쓰기에 도전 해 보라.
새로운 세상이 열린다.

저자는 5년 전부터 특강을 시작하여 현재도 하고 있다. 저자는 한 국과 미국의 일류 대기업 임원 출신으로 경영에 참여하는 최고위직에 있지만 강사 대우는 형편없이 미진하다. 통상 기업에서 특강 강사를 초빙하면 수백 만 원을 강의료로 지불하는 것이 다반사다.

그 이유가 무엇일까?

강사 자신이 집필한 책이 있고 없고의 차이다. 책 한권을 집필하면 저자 자신을 세상에 알릴 수 있다. 두세 권을 집필하면 그 분야의 전문 가로 인정을 받는다.

시니어, 퍼스널 브랜딩은 책 쓰기다.

시니어가 행복한 오후반 인생에 펼치는 방법은 다양하다. 누구에게 나 동일하게 인생이란 길이 주어진다. 어떤 사람은 인생길을 잘 닦아 넓은 대로로 만들지만, 어떤 사람은 인생길을 잘 못 닦아 험난한 산길 을 만들고 있다. 좌절할 필요가 없다. 아직도 남은 시간이 많다. 10만 시간이 남아 있다. 10만 시간을 공포의 시간으로 보내지 말고 축복의

시간으로 만들자. 축복의 시간으로 만드는 방법은 《10만 시간의 공
포》책에서 자세히 안내를 한다.

독일의 철학자 아르투르 쇼펜하우어의 말이다.

"행복하게 산다는 말 자체가 가지는 의미는 불행을 줄이고 그럭저럭
살아간다는 뜻을 가질 뿐이라는 가르침에서 시작해야 한다. 인생은 향
락을 누리기 위한 것이 아니라 극복하고 헤쳐 나가기 위해 있는 것이
다. 하루는 작은 일생이다. 아침에 잠이 깨어 일어나는 것이 탄생이요,
상쾌한 아침은 짧은 청년기를 맞는 것과 같다. 그러다가 저녁, 잠자리
에 누울 때는 인생의 황혼기를 맞는 것이라는 것을 알아야 한다."

하루를 일생에 비유한 멋진 말로 하루하루를 열심히 살라는 것이
다. 시니어우리에게 경종을 울리는 말로 되새겨야 한다.

이 책이 시니어에게 행복한 오후반 인생을 펼치는데 도움을 주고,
행복한 노후를 보내고 태산처럼 거룩한 죽음을 맞이하는데 보탬이 되
길 바란다.

supplement

부록

시니어 재취업 전략 10계명

■ 일의 의미

일은 사람이 삶을 영위하기 위하여 행하는 모든 활동이다.

01. 일의 기능과 역할

1) 수익을 창출하여 생계를 유지해 준다.

2) 자아를 발견하고 실현해 준다.

3) 사회에 참여할 수 있는 통로이다.

4) 사회유지와 발전에 기여하게 한다.

02. 일에 대한 바른 자세

1) 일에 대해 긍정적인 자세를 가져야 한다. 일은 나와 사회의 발전에 필수적인 것이다,

2) 일은 단순히 물리적인 대가를 위한 수단이 아니다. 일하는 과정을 통해 자아실현, 사회발전과 같은 가치를 실현한다.

이탈리아 철학자이자 화가인 레오나르도 다빈치의 말이다.

"일을 즐겁게 하는 자는 세상이 천국이요, 일을 의무로 생각하는 자는 세상이 지옥이다."

■ 한국 직장인의 일의 의미

연봉정보 사이트 페이오픈이 직장인 29~35세 500명을 대상으로 일의 의미에 관한 조사 결과다. 보수를 받기 위한 수단이 73.8%로 1위, 경력을 쌓아가는 수단이 51.2%로 2위, 다른 사람과 어울리는 수단이 33.2%, 나 자신을 표현하는 수단이 24.0%, 일하는 자체가 좋다가 17.8%다.

일은 즐거운 것이 되어야 한다, 그리고 보람도 있어야 한다. 일은 나의 능력을 발휘하고 나와 타인의 행복을 증진시키는 목적도 있다. 한국의 많은 사람은 일을 즐겁게 하지 못하고 단지 보수를 받기 위한 수단으로 한다는 것이 안타까운 현실이다.

■ 시니어의 장단점

시니어는 오후반 인생을 여는 종합 예술인이다.

01. 시니어의 장점

    1) 다양한 경험과 노하우를 가지고 있다.

    2) 책임감이 강하고 신뢰성이 높다.

    3) 강인한 근로의욕과 성실성이 매우 높다.

    4) 위기관리에 대한 대처 능력이 높다

    5) 조직의 발전을 위한 동기 부여를 제공한다.

    6) 저비용에 대비 고 이익 창출을 한다.

    7) 강인한 체력과 건강으로 적응력이 매우 높다.

8) 인간관계의 폭이 넓고 깊다.

02. 시니어의 단점

1) 자기 방식의 고집이 세다.

2) 신기술 습득이 서툴거나 어렵다.

3) 의료비용과 보험 관련 비용의 지출이 많다.

4) 고정 근무시간보다는 조정 가능한 근무시간을 선호 한다.

■ 중소기업이 시니어를 채용하는 이유

대기업은 시스템으로 업무가 진행되지만 중소기업은 사람이 일을 한다. 중소기업은 기술력과 제품력이 생명이다. 대기업은 물론 중소기업의 성패는 사람에 대한 신뢰, 제품에 대한 신뢰, 고객에 대한 신뢰가 좌우한다. 중소기업은 대기업에서 은퇴한 전문직 연구, 생산, 품질관리를 선호하며 채용을 한다.

중소기업이 시니어를 채용하는 이유는

01. 기업 성장과 매출 증대

02. 경비 절감과 이익 창출

03. 경험, 노하우 전수, 멘토 역활

프랜시스 베이컨의 말이다.

"현명한 사람은 자신이 발견한 것보다 많은 기회를 만든다."

■ 중소기업이 요구하는 시니어

01. 미쳐라. (Passion/Execute)

   공부든 운동이든 취미생활이든 열정과 실행력을 가진 시니어

02. 당당하라. (Energy/Edge)

   자신감과 긍정적 사고를 갖고 모든 일에 당당히 임하는 시니어

03. 함께하라. (Family/Energize)

   솔선수범과 겸손한 자세로 시너지를 창출하는 시니어

■ 시니어 재취업 전략 10계명

제1계명, 가족에게 충실 하라.

시니어에게 가족은 세상의 무엇과도 바꿀 수 없는 보배이자 안식처다. 집안이 화목하면 모든 일이 잘 이루어진다는 가화만사성(家和萬事成)을 마음에 새기고 실천이 중요하다. 먼저 가족에게 다가가 대화를 하고 가족에게 봉사하라. 가사에 대한 이해의 기회로 집안일을 돕고 스스로 하라. 가족에 대한 배려로 취미 및 여가 활동을 함께 하라. 가족은 자신에게 믿음과 용기를 북돋아 준다.

제2계명, 심리적 안정을 하라.

은퇴를 하면 의기소침해 진다. 세상에 나 홀로 남은 것과 같은 심정이다. 은퇴 후 재취업에 도전하다 실패하는 횟수가 늘게 되면 어깨가 처진다. 또한 자신감을 잃고 자책하며 취업에 대한 의욕을 상실한다.

이럴 때 중요한 것이 심리적 안정을 갖는 것이다. 심리적인 안정감이 있어야 합리적인 판단과 체계적인 준비도 할 수 있다. 심리적 안정이 되면 자신감과 열정이 함께한다.

제3계명, 건강관리를 철저히 하라.

시니어의 체력은 업무능력이다. 건강이 최고다. 과도한 운동으로 건강을 해쳐서는 안 된다. 중소기업에서 시니어의 채용을 꺼리는 이유 중에는 건강과 체력도 포함된다. 체력과 체중의 목표치를 세우고 식사 조절을 해야 한다. 걷기, 조깅, 자전거 타기, 가벼운 등산과 같은 운동을 하루에 50분 이상, 주 5회는 하도록 하자. 건강검진을 하여 자신의 몸 상태를 아는 것도 중요하다. 평소 꾸준히 체력관리를 하며 건강을 유지해야 한다.

제4계명, 규칙적인 생활과 자기계발을 해라.

자신에 대한 자신감과 열정은 재취업의 가장 강력한 무기다. 은퇴를 하면 생활리듬이 깨질 수 있다. 기상과 식사와 가사 돕기와 같은 것에 규칙적인 생활을 해야 한다. 도서관으로 출근하여 독서, 어학, 취업 준비와 같은 자신의 부족한 것을 준비해야 한다. 문화 활동, 특강과 같은 외부활동도 중요하다. 자신의 경력사항, 인맥, 취업일기와 같은 것을 정리하는 것도 재취업에 도움이 된다. 재취업을 위해서 진실한 경력이력서, 단정한 복장, 염색한 두발, 깨끗한 구두와 같은 것을 항상 준비해 둔다.

제5계명, 인적 네트워크 활용 하라.

시니어의 강점은 인적 네트워크다. 주변에 자신이 직장을 구하고 있다는 사실을 많이 알려야 한다. 인맥을 활용하여 도움을 구하는 전략도 필요하다. 재취업에 인맥을 잘 활용하는 것도 시니어의 능력이다. 인맥을 잘 활용한다면 채용 정보를 남들보다 한발 앞서 확보할 수 있다. 채용에 대한 결정권을 갖는 사람도 사전에 접촉할 수 있어 취업 가능성이 높다. 한국개발연구원 자료에 의하면 취업자 10명중 6명이 인맥을 통해 취업을 한다. 시니어 재취업의 가장 빠른 방법이자 수단이 인맥을 활용하는 것이다. 시니어 자신이 직접 구직을 위한 취업 제안서를 기업의 대표에게 서신 발송도 적극 추천한다. 저자의 경우 대기업 퇴사 후 중소기업 두 개 회사 대표에게 입사 제안서를 서신 발송하여 취업에 성공한 사례가 있다.

제6계명, 서두르지 말자.

시니어는 인생의 단맛과 쓴맛을 다 겪어본 세대다. 또한 수많은 역경과 좌절을 극복한 세대로 삶의 근력이 대단하다. 시니어의 인생이 100세 시대에 다다랐다. 이제 겨우 인생의 반을 넘었다. 조급한 마음이 생기는 것은 당연하다. 조급한 마음 때문에 자신의 경력이나 적성을 고려하지 않고 무조건 취업해서는 안 된다. 어렵게 취업한 직장을 조기에 그만두는 실수를 범할 수 있다. 한 박자 쉬어가는 슬로우 템포의 마음가짐이 중요하다.

로마 제국의 제16대 황제 마르쿠스 아우렐리우스의 말이다.

"우리의 인생은 우리의 생각에 달려 있다."

제7계명, 눈높이를 낮춰라.

'대기업의 임원이었는데…'라는 과거의 직위는 머리에서 지워야 한다. 과거의 직위, 연봉은 모두 지나간 것이다. 과거의 경력은 단지 참고만 된다. 처음부터 다시 시작한다는 각오를 가져라. 시니어는 겸손과 섬김의 자세를 가져야 한다. 과거의 보수와 체면보다는 취업에 용이한 실용적인 마음가짐과 태도가 필요하다. 자신이 경험하지 못했던 새로운 환경이 눈앞에 펼쳐지는 것이 현실이다. 현실에 맞추어 자신의 눈높이를 조정해야 한다. 자신의 눈높이를 낮출 때 기회는 온다. 그럴 때 오는 기회에 자신감을 갖고 도전하면 성취감도 얻는다.

제8계명, 정보력을 강화하라.

작금은 컴퓨터에 통신 프로토콜을 연결하여 정보를 주고받는 컴퓨터 네트워크 인터넷 시대다. 인터넷을 통해 지구촌이 하나의 공통체로 10초 이내에 친구가 되고 상호 정보를 전달한다. 취업은 정보가 80%를 차지한다. 기업의 채용도 인터넷을 통해 일반적으로 이루어진다. 기업에서 경력자 채용은 수시채용으로 진행되는 경우가 많다. 인터넷 활용 능력에 따라 채용정보를 발 빠르게 얻을 수 있다. 또한 인터넷 활용 능력이 온라인 구직활동을 용이하게 해 준다. 평소에 인터넷 환경에 친숙해져야 한다. 아울러 컴퓨터로 파워포인트와 문서 작성과 같은 능력도 겸비하는 것이 매우 중요하다.

제9계명, 재취업 교육을 받아라.

재취업 교육은 전문적인 교육으로 자신의 가치를 높여 취업 경쟁력을 갖는 것이다. 대기업에서 행하는 시스템 교육이 아닌 단순한 전문지식을 위한 교육이다. 그래서 재취업을 위해 취업교육을 받는 사람이 많다. 유망하고 취업이 잘된다고 해서 무작정 남들이 많이 하는 교육을 받는 것은 피해야 한다. 자신의 적성과 나이, 향후 진로, 재취업 여부와 같은 것을 꼼꼼히 챙겨야 한다. 남들이 편하게 가는 큰 길과 평탄한 길에는 보이지 않는 함정이 많다. 재취업의 길은 생각보다 좁고 험한 길이다. 정부관련 기관, 각 대학의 평생 교육원, 직업전문학교와 같은 곳에서 다양한 재취업 교육을 실시하고 있다. 재취업을 반드시 받는 것이 여러모로 유리하다. 만약의 경우를 대비해 전문자격증을 취득하는 것도 적극 추천한다.

제10계명, 취업지원기관의 도움을 받아라.

직장을 떠나거나 은퇴를 하면 허허벌판에 나 홀로 서있는 것과 같다. 인맥의 도움을 받는 것도 한계가 있다. 직장을 곧 떠날 것이라면 현 회사에서 다른 직장을 구하도록 도와주는 전직지원 프로그램을 받는 것이 좋다. 이미 직장을 떠났거나 은퇴를 했다면 각 지역마다 있는 고용노동부 고용센터(전국84개)를 이용하면 된다. 고용노동부 산하 노사발전재단 중장년일자리 희망센터(전국28개소)에서 구인구직 알선서비스, 1;1맞춤 재취업 컨설팅, 재취업·창업교육, 개인 취업활동공간과 같은 서비스와 지원을 받을 수 있다.

■ 중장 · 노년층 취업지원기관

기 관 명	홈 페 이 지
고용노동부 고용센터 (전국84개)	http://www.moel.go.kr http://www.work.go.kr/jobcenter
고용노동부 워크넷	http://www.work.go.kr
노사발전재단 중장년일자리 희망센터(전국28개소)	http://www.newjob.or.kr. http://www.4060job.or.kr
전국경제인연합회 중장년일자리 희망센터	http://www.fki-rejob.or.kr
서울시고령자취업알선센터	http://www.noinjob.or.kr
대한노인회노인취업지원센터	http://www.koreapeople.co.kr
한국노인인력개발원	http://www.kordi.or.kr
한국시니어클럽협회	http://www.silverpower.or.kr

■ 취업포털사이트

사 이 트 명	홈 페 이 지
잡코리아	www.jobkorea.co.kr
워크넷	www.work.go.kr
인크루트	www.incruit.co.kr
사람인	www.saramin.co.kr

■ 전국13곳 '시니어 비즈플라자'

지역	세부지역	주 소	연락처
서울	노원구	공릉로 232 서울테크노파크 12층	02-944-6032
서울	마포구	매산로18 마포창업복지관 6층	070-7727-4100

서울	은평구	은평로21길52 은평구청 제3별관2층	070-7710-9997
경기	수원시	팔달구 수원천로255번길6 영동시장2층	031-241-1713
경기	의정부시	경의로 114 영빈빌딩 4층	031-828-8878
부산	사하구	낙동대로 498 초이스빌딩4층	051-205-1014
대구	수성구	지산동 1276-8번지 지산농협 2층	053-784-8261
대구	달서구	달구벌대로 1095(신당동)	-
광주	동구	금남로2가 20-2 무등빌딩 10층	062-236-3261
경북	칠곡군	왜관읍 공단로1길 칠곡상공회의소 2층	054-973-9604
강원	춘천시	서면 박사로 854 강원정보문화진흥원2층	033-245-6800
울산	울주군	웅촌면 곡천리 320-2	052-277-1997
충북	청주시	상당구 교서로 8-2번지 2~3층	070-4814-6515

■ 서치펌 헤드헌터

사 이 트 명	홈 페 이 지
유엔 파트너즈	www.younpartners.com
HR KOREA	www.hrkorea.co.kr
피앤이 컨설팅	www.pneconsulting.co.kr
커리어 케어	www.careercare.co.kr
콘페리 인터내셔널	www.kornferry.com

■ 창업사이트

사 이 트 명	홈 페 이 지
한국능률협회(창업상담)	www.kma.or.kr
기술신용보증기금(창업자금)	www.klbo.co.kr

중소기업청 소상공인지원센터(창업가이드)	sbdc.or.kr
중소기업진흥공단(창업자금)	www.sbc.or.kr
(사)한국창업경영컨설팅협회(창업상담)	www.kmca.or.kr

01. 행복한 논어읽기. 양병무 (21세기북스. 2009)

02. 한비자의 인생수업. 임재성 (평단문화사. 2014)

03. 장자 잠언록. 황천춘 편저. 김현식 옮김 (보누스. 2009)

04. 논어. 이우영 엮어 옮김. (아이템북스. 2015)

05. 나를 키우는 힘 평생독서. 김병완 (도서출판프리뷰. 2015)

06. 나는 치사하게 은퇴하고 싶다. 김형래. (청림출판. 2010)

07. 노인으로 산다는 것.
조엘 드 로스네, 장 루이 세르방 슈레베르, 프랑수아 드 클로제, 도미니크 시모네 공저/권지현 역. (계단. 2014)

08. 선인들의 공부법. 박희병 편역. (창비. 2013)

09. 이기는 습관. 전옥표. (쌤앤파커스. 2007)

10만
시간의 공포

초판발행일 | 2016년 2월 15일

지 은 이 | 김흥중
펴 낸 이 | 배수현
디 자 인 | 박수정
제   작 | 송재호

펴 낸 곳 | 가나북스 www.gnbooks.co.kr
출 판 등 록 | 제393-2009-000012호
전   화 | 031) 408-8811(代)
팩   스 | 031) 501-8811

ISBN 979-11-86562-19-2(03190)

※ 가격은 뒤 표지에 있습니다.

※ 잘못된 책은 구입하신 곳에서 교환해 드립니다.